本学术著作受到"成都大学人文社会科学出版资助基金(编号:CBZZ202204)"资助

通向美丽乡村的
教育之路

白 杨 唐毅谦◎著

图书在版编目（CIP）数据

通向美丽乡村的教育之路 / 白杨，唐毅谦著. — 成都：四川大学出版社，2022.11
ISBN 978-7-5690-5772-0

Ⅰ. ①通⋯ Ⅱ. ①白⋯ ②唐⋯ Ⅲ. ①乡村教育－研究－中国 Ⅳ. ①G725

中国版本图书馆CIP数据核字（2022）第202560号

书　　名：通向美丽乡村的教育之路
　　　　　Tongxiang Meili Xiangcun de Jiaoyu zhi Lu
著　　者：白　杨　唐毅谦

选题策划：蒋姗姗
责任编辑：蒋姗姗
责任校对：曹雪敏
装帧设计：墨创文化
责任印制：王　炜

出版发行：四川大学出版社有限责任公司
　　　　　地址：成都市一环路南一段24号（610065）
　　　　　电话：（028）85408311（发行部）、85400276（总编室）
　　　　　电子邮箱：scupress@vip.163.com
　　　　　网址：https://press.scu.edu.cn
印前制作：四川胜翔数码印务设计有限公司
印刷装订：四川盛图彩色印刷有限公司

成品尺寸：170mm×240mm
印　　张：9.5
字　　数：178千字

扫码查看数字版

版　　次：2022年12月 第1版
印　　次：2022年12月 第1次印刷
定　　价：68.00元

四川大学出版社
微信公众号

本社图书如有印装质量问题，请联系发行部调换

版权所有 ◆ 侵权必究

推荐序

《通向美丽乡村的教育之路》是作者长期以来关注乡村教育与乡村发展的成果。书中积淀了作者多年来的理论修养，以及对我国西部乡村社会发展和乡村学校教育蹲点考查、实地参与的辛勤汗水。

多年与作者交往，我很了解作者的研究风格和工作特点。乡村所具有的那种自然生态以及乡土社会中拥有的质朴的人文关系是作者认为的自然之美与人文之美的有机结合。在多次的交谈中，作者一方面流露出对这种美的热爱，另一方面也表现出对现代化进程所带来的各种影响乡村幽静现状的担忧。正是这种对美的追求和对未来的忧虑导致作者选择将乡村社会与乡村教育的未来作为其研究的阶段性选题。

作者白杨在澳大利亚攻读博士期间主要钻研了"话语分析"理论，并以此在自身扎实的美学理论上建立了独特的研究范式。本书将话语研究法用于对乡村教育政策进行分析，撬动了乡村教育建设中的关键点，揭示了政策话语的内容和形式，并在现实考察中印证了社会关系与学校教育之间发生的联动事实，由此论证了乡村学校教育与乡村社会发展之间的基本规律，以及国家教育政策对乡村教育振兴的成果及其贡献。

总之，本书主要基于政策话语分析，探究改革开放四十多年来我国乡村教育政策化的演变以及所使用语境之间的时空意义。作者结合四川省县域内乡村教育的具体实践工作，深入基层，通过深度访谈、参与观察、个案分析等具体研究方法，揭示了国家政策与地方政策之间的内在关系，讨论了乡村社区建设与乡村学校之间的互动。刘昀霞①老师也参与了调研和数据编写的工作。书中所呈现的方法论基础、所讨论的问题、对问题分析的逻辑思路，以及对乡村未来建设的思考等，无疑对未来的中国乡村学校建设和乡村社会发展建设的研究都有重要的意义和启发。

是为序。

巴登尼玛
2022 年 10 月 8 日

---

① 刘昀霞（1993— ），毕业于四川师范大学，中学二级教师，任职于成都市实外西区学校；主要研究方向为基础教育与课程改革。

自 序

美丽乡村建设关系到乡村振兴的实现。教育是乡村的支柱,美丽乡村建设和乡村教育紧密相关。乡村教育作为国民教育体系的重要组成部分,对于促进义务教育优质均衡发展、素质教育发展和乡村振兴有着举足轻重的作用。改革开放四十多年来,国家和地方政府制定了政策法规,为乡村教育的推行提供了法律和政策上的保障。在乡村教育领域,根据《中华人民共和国宪法》(以下简称《宪法》)制定的《中华人民共和国义务教育法》(以下简称《义务教育法》)中明确规定了乡村教育的基本政策,另外在各类专门法中也相应地规定了乡村教育的具体内容,使乡村教育有法可依。脱贫攻坚与乡村振兴的有效衔接为乡村教育提供了政策引领,创设了基本条件,奠定了发展基础,给乡村教育带来了重大发展机遇和挑战。

本书依托全国教育科学"十三五"规划 2019 年度教育部重点课题"互联网+教育背景下跨区域同步教学对教育生态的重构研究"(项目编号:DCA190331-1011),并得到国家留学基金委资助(项目编号:201508515041)。课题组深入调研,分析问题,总结经验,将所见所思汇聚成本书,尝试回答我们自己提出的"作为中国教育事业最基层的乡村教育是个什么样的教育"这个问题。为此,课题组经过几年的艰苦努力,记述四川省三个县——献县、仁县、洲县[①]乡村教育的具体实践,并将这些实践置于我们所发现的特定的乡村教育政策话语的逻辑中去表现和展示,进而寻求他们在这些特定逻辑中的意义,逐步形成和完善了本书。全书通过多层面、多角度对改革开放四十多年来乡村教育政策的演进进行了分析,内容涉及基础理论、应用理论和实践建议等。

从理论上,本书为乡村教育政策研究提供了描述框架。基于马克思主义实践论,话语作为乡村教育政策实践的一种形式,是乡村教育政策演变最敏感的

---

① 按照研究惯例,本书中所有的人名和地名均已做了匿名处理。

指针，其研究成果能促进乡村教育政策话语分析的理论发展。乡村教育政策话语是乡村教育思想的载体和场域。政策话语的内容和形式及其背后的社会关系都影响着乡村教育的发展。政策文本是乡村教育政策的重要载体，质性研究范式下的政策文本分析大多使用话语分析的方法。这种研究方法受到建构主义知识论的影响，认为语言、文本、论述和脉络的相互作用建构着意义和事实。方法上，运用跨学科方法探究教育、社会、文化、经济与生态关系。把宏观和中观社会理论与语境结合起来，为乡村教育政策演变的阐释提供更加丰富的语料。由此，本书主要基于政策话语分析的视角，探究改革开放四十多年来我国乡村教育政策话语的演变及其所使用语境之间的关系，结合四川省县域内乡村教育的具体实践，通过深度访谈、参与观察、个案分析进行整体观照，扎根乡村学校社区进行微观实证调查以及交叉（多）学科跨界研究，对乡村教育政策话语与话语实践过程之间的关系，以及乡村教育话语实践过程与社会文化过程之间的关系进行探讨。

从实践上，本书为政府制定更切实可行的符合民众新期待的乡村教育政策提供了理论和实践依据。四川省献县、仁县、洲县的乡村教育模式作为"乡村振兴"的重要探索，推进了乡村有效治理和乡村全面振兴融合发展。乡村教育振兴需在乡村教育政策体系建设上进一步夯实中国特色乡村教育的历史逻辑、理论逻辑和实践逻辑，强化乡村教育政策话语共同体意识体系的结构性特征和地域性规划，在发挥县域治理体系制度优越性的基础上探索更有效的政策工具，在全面建设社会主义现代化国家新征程中，进一步发挥乡村教育蕴含的乡村振兴的内在价值。乡村教育话语作为多元文化教育的实践范畴和手段，凸显"以人为本"理念，旨在通过分析乡村教育振兴路径及其执行过程，促使政策话语的改变，最终促进乡村教育政策制定的完善。在新时代乡村教育建设过程中，要树立乡村教育振兴意识，制定科学振兴规划，创新乡村振兴政策实施路径，扩大政策实施效力，并合理定位乡村教育政策的价值取向，提升乡村教育质量，推进教育公平，使乡村教育改革与发展能够真正助力乡村振兴，开辟中国特色乡村教育事业发展的新局面。

本书主要分为四章。第一章走进乡村教育，梳理了国内外对乡村教育研究的现状和问题。教育政策更替与演进过程推动乡村教育的不断创新与完善。不同类型的教育政策指导不同的教育改革实践。考察具体的政策文件有助于理解、把握政策制定的逻辑和轨迹，从而为未来的政策制定提供参考。第二章乡村教育政策及其发展历程，通过分析改革开放四十多年来《宪法》、《义务教育法》、全国教育科学规划会议文件、脱贫攻坚和乡村振兴战略，以及地方教育政策文件，聚焦文件中乡村教育政策话语的结构特征、话语生成的过程和相关语境因素。《宪法》《义务教育法》和全国教育科学规划会议文件是国家层面最高级别的关于教育的重要文件，也是指导乡村教育工作的纲领性政策文本。对政策文本中有关乡村教育部分以及相应的地方政府制定的政策文件进行梳理和分析，有助于了解乡村教育政策话语演变及其改革发展。第三章新时代乡村教育的县域探索，通过借鉴政策话语理论，统合乡村教育政策行为者、政策议程、政策行动、政策效果四个层次的事实和因素，探究政策行为者对乡村教育振兴的态度与政策宣传、政策的文本形式和内容、政策的实施和执行效果。笔者选取四川省献县、仁县、洲县有代表性的乡村学校——献县西关学校、仁县平地学校、洲县新民学校，深入实地，通过参与观察、深度访谈进行资料搜集，然后分析归类，深入研究乡村学校社区执行教育政策的话语主体、客体、内容、主题、表现形式、活动方式、符号系统以及效果，探讨乡村学校社区对教育政策话语介入或干预的方式。第四章乡村教育的时代性实践，展望通向美丽乡村的教育之路，关注乡村教育的政策路径、运作过程以及乡村教育实践的价值追求和发展方向，同时观照"国家和地方—乡村—学校—个体"之间的关系，并提出针对性的政策建议。展望未来，进一步夯实中国特色乡村教育体系，提升乡村教育质量，才能推进教育公平，加快从教育大国向教育强国迈进的步伐。

研究以下列关键词的诠释为基点，梳理了乡村教育与乡村振兴的逻辑关系。

关键词一：乡村社会。

在本书使用的范围内，乡村社会作为一个相对于乡域社会的概念被提出，国内学者，如贺雪峰、吴毅等人都曾经使用过这一概念。本书中的"乡村社会"是一个布迪厄意义上的具有相对自主意义的完整的时空关系网络，包含着我们将乡村教育提升到乡村社会研究的方法论上的思考。乡村囿于地理、文化、经济等原因，是巩固拓展脱贫攻坚成果同乡村振兴有效衔接的战略高地。

关键词二：美丽乡村。

美丽乡村作为乡村振兴的载体，契合了美丽中国建设中对乡村的具体诉求，有利于自上而下在乡村学校中找到与国家战略的结合点。同时，美丽乡村有利于个体化乡村学校自下而上与国家战略布局形成呼应。

关键词三：乡村文化。

乡村文化以一种贴近村民需求的方式将空间再造与实质内容分解到日常生活中，使文化的传承与创新在生活化的场景中实现了形式的推广与普及。乡村文化是乡村教育实现的基础。乡村特有的地理环境、生态空间、风俗人情彰显出乡村教育的优势在乡土乡情。

关键词四：乡村教育。

本书探讨了县域政府教育政策的运作过程及其影响机制。对于这一过程与机制在乡村基层社会的展开和铺陈，我们称之为"乡村教育"。本书研究的乡村教育包含了社会科学研究的经济、政治、观念、文化等广泛现象。新时代，乡村的社会文化因素构成了特定的乡村教育政策环境。

关键词五：乡村振兴政策。

本书综合乡村教育政策历史脉络做了更为宏观的梳理。党的十九届五中全会提出，把"优先发展农业农村，全面推进乡村振兴"作为"十四五"时期我国经济社会发展的重要任务之一。新时代新阶段推动乡村高质量治理和发展，正是贯彻落实党中央决策部署的集中体现。2022年中央一号文件明确指出，加快推进以县城为重要载体的城镇化建设，扎实推进城乡学校共同体建设。

关键词六：乡村寄宿制学校。

教育部门推行寄宿制工程建设的初衷，正是优化农村教育资源配置，促进城乡教育均衡发展。寄宿制学校建设工程改善了一批乡村学校的办学条件，对扩大中西部地区义务教育规模，保证中西部学龄儿童入学并完成义务教育起到了积极作用。随着留守儿童数量呈现上升趋势，寄宿制学校正在发挥它的作用，最大限度保障乡村孩子的学习与生活条件。

关键词七：乡村教师。

乡村教师与乡村社会有着天然的联系。本书突显乡村教师的乡土性：一方面，在乡村教师个体层面上着重培养教师自身对专业成长的新认识；另一方面，在乡村教师的团队层面上着重转变教师的教育观念，指向有尊严的、幸福的乡村教师生命形态。

关键词八：家校共育。

家校共育是促进乡村学生健康发展的一个重要途径和手段。家校共育意味着家校建立一个平等的、互相尊重的合作伙伴关系，家校积极沟通，统一思想，密切配合。在乡村社会语境中，家校共育强调学校与家庭的双向互动，学校要帮助家长提高教育素质，又要请家长配合学校的教育与管理，从而提升家长的参与意识、教育观念等，提高家校共育的实效性，共同促进乡村学生的发展。

关键词九：教育公平。

教育公平作为乡村教育的实践目标，凸显"以人为本"，旨在实现社会正义。在新时代乡村教育建设过程中,需要树立乡村教育振兴意识,制定科学振兴规划,创新振兴政策实施路径,扩大政策实施效力,合理定位乡村教育政策的价值取向,提升乡村教育质量,最终推进教育公平。

  本书所讨论的诸多关键词,目的在于帮助我们理解具体的中国乡村教育。这是一项探索,也是一次初步尝试,需要更多人关注相关问题,深入乡村,共同探索通向美丽乡村的教育之路。

目 录

第一章 走进乡村教育 ……………………………………………………（ 1 ）
 第一节 乡村教育相关理论基础 …………………………………………（ 1 ）
  一、国外乡村教育研究的现状与问题 …………………………………（ 1 ）
  二、国内乡村教育研究的现状与问题 …………………………………（ 2 ）
  三、乡村教育研究动态 …………………………………………………（ 5 ）
 第二节 乡村教育政策分析的基本框架 …………………………………（ 7 ）
  一、乡村教育政策研究内容 ……………………………………………（ 7 ）
  二、乡村教育政策研究方法 ……………………………………………（ 10 ）
  三、乡村教育政策研究意义 ……………………………………………（ 15 ）

第二章 乡村教育政策及其发展历程 ……………………………………（ 18 ）
 第一节 调整期（1978—1991年） ………………………………………（ 18 ）
  一、有步骤实行九年制义务教育 ………………………………………（ 18 ）
  二、国家政策体系中的乡村教育：地方负责，分级管理 ……………（ 19 ）
 第二节 推进期（1992—2001年） ………………………………………（ 21 ）
  一、大力推进九年制义务教育 …………………………………………（ 21 ）
  二、国家政策体系中的乡村教育：以县为主 …………………………（ 22 ）
 第三节 改革期（2002—2014年） ………………………………………（ 24 ）
  一、推进城乡义务教育均衡发展 ………………………………………（ 24 ）
  二、国家政策体系中的乡村教育：省级统筹 …………………………（ 25 ）
 第四节 优化期（2015年至今） …………………………………………（ 29 ）
  一、全面推进义务教育 …………………………………………………（ 29 ）
  二、国家政策体系中的乡村教育：县域内城乡义务教育一体化 ……（ 29 ）

第三章 新时代乡村教育的县域探索 ……………………………………（ 34 ）

第一节　乡村教育的意识与政策宣传……………………………（35）
　一、教育强县，质量名县，校园美县……………………………（35）
　二、乡村文化振兴，健康村镇建设………………………………（38）
　三、"五育并举"，提升乡村教育质量……………………………（42）
第二节　乡村教育政策的文本形式和内容设置…………………（44）
　一、文化兴乡村，脱贫新路子……………………………………（45）
　二、校校有活动，人人都参加……………………………………（47）
　三、依法治校，科研兴教…………………………………………（54）
第三节　乡村教育政策的实施……………………………………（61）
　一、立德树人落地见效……………………………………………（62）
　二、落实立德树人，政策落地转化………………………………（65）
　三、促进学生全面素质和个性特长和谐发展，建特色小学……（69）
第四节　乡村教育政策的执行效果………………………………（74）
　一、和谐校园文化…………………………………………………（75）
　二、引领时代潮流的"非遗传承名校"……………………………（77）
　三、陶冶学生高尚情操的花园……………………………………（82）

第四章　乡村教育的时代性实践……………………………（87）
第一节　乡村教育的政策路径……………………………………（88）
　一、乡村教育政策与《宪法》和《义务教育法》的高度一致性……（88）
　二、国家政策中乡村教育的系统性………………………………（89）
第二节　乡村教育政策的运作过程………………………………（91）
　一、树立乡村教育振兴意识………………………………………（91）
　二、制定科学乡村教育规划………………………………………（95）
　三、创新乡村教育政策实施路径…………………………………（100）
　四、扩大乡村教育政策实施效力…………………………………（106）
第三节　新时代乡村教育实践的价值追求和发展方向…………（112）
　一、乡村教育的社会文化价值……………………………………（112）
　二、提升乡村教育质量……………………………………………（121）
　三、推进教育公平…………………………………………………（126）

结　语………………………………………………………………（128）

参考文献……………………………………………………………（131）

第一章　走进乡村教育

推动乡村教育是乡村振兴战略中的重要一环。我国有13亿人口，8亿在乡村，2亿的中小学生中有1.6亿多学生生活在县镇和乡村（陈小娅，2005），义务教育阶段专任教师中有三分之二在乡村。因此，乡村教育质量关系我国基础教育事业发展的大局。乡村囿于地理、文化、经济等原因，是巩固拓展脱贫攻坚成果同乡村振兴有效衔接的战略高地。乡村教育事业的发展是乡村振兴的重要支点，乡村教育政策是国民教育政策体系中的一项核心内容。在此背景下，从政策话语分析的角度来看，乡村教育政策话语的演变及其在乡村学校社区实施之间的关系就必然成为一个焦点问题，同时也是乡村振兴政策落实的关键性问题。已有研究主要涉及话语分析视角下乡村教育政策与国家战略、社会经济发展的互动关系。

第一节　乡村教育相关理论基础

本书的主要研究对象是乡村教育，涉及的内容庞杂，时间长，空间广。在逐步厘清研究思路的基础上，本书首先明确了所涉及的研究现状与问题。

一、国外乡村教育研究的现状与问题

20世纪60年代以来，结构主义思潮进入乡村教育研究领域，构建了乡村教育理论话语研究与社会结构整合的宏观思路。种族问题和性别歧视等问题受到多元文化教育学者的广泛关注。研究方法不仅有包括行动研究（action research）、人种志（ethnography）和个案研究等众多新型研究方法在内的质性研究方法（qualitative approaches），还有综合运用质性研究方法和定量研究

方法（quantitative approaches）的混合研究方法（mixed methodology）等。教育专家 Jim Cummins 在 1980 年提出了乡村—学校—家庭结构性分析框架。根据米歇尔·福柯的话语理论，话语被视为一套社会实践，话语反映并产生了社会变革（Foucault，1980），话语"不仅仅意味着斗争或统治制度，而且是斗争的目的，话语是被夺取的权力"（Foucault，1986），学界开始关注文化、社会、身份与权力之间的关系和结构（Pepple，Law，Kallembach，1990；Theobald，Nachtigal，1995；Kallaway，2001；Baker，2006）。在西方语境中，教育政策建设越来越强调教育作为社会流动的载体的作用，实施全方位、多层次、高质量的教育革命，以促进经济的繁荣、社会的融合与国家国际竞争力的提升。例如，托尼·布莱尔的"教育，教育，教育"政策，乔治·布什的"不让一个孩子落后"的政策和陆克文的"教育革命"政策（Clarke，2012）。

近年来，国外学者越来越关注中国乡村教育，认为费孝通的多元一体论构建了一个多民族国家建设和谐社会的中国话语体系（Postiglione，2009）。一方面，中国教育体制要支撑国家现代化，另一方面，教育政策制定涉及乡村群体的独特需求和文化背景（Johnson，2000；Postiglione，2009）。中国的政策制定者将经济发展和教育政策结合起来（Kayongo－Male，Benton Lee，2004）。还有学者发现，中国乡村教育政策话语从二元论转向混合话语，乡村教育旨在同时促进文化多元和经济发展（Zhenzhou，Postiglione，2008；Tsung，Clarke，2010）。学者们关注到，中国政府越来越希望国民教育体系在发展落后的乡村发挥关键作用。改革开放以来，中国经济的迅速崛起，对包括乡村在内的整个社会具有重要意义。在评估中国乡村教育时，国际著名汉学家 Mackerras（2011）强调混合话语研究的重要性，旨在揭示中国乡村教育政策话语体系与乡村学校教育实践的关系（Cuervo，2016；Postiglione，Hannum，Kong，2020；White，Downey，2021）。

二、国内乡村教育研究的现状与问题

国内学者对改革开放四十多年来中国乡村教育理论与实践进行了回顾与前瞻。

改革开放的新时期（1979—1999 年）探索平等规范化的乡村教育理论。费孝通在《乡土中国》中提出："从基层上看去，中国社会是乡土性的。"这一时期兴起了群众性的研究并成立了相应的学术团体。1979 年第一次全国教育科学规划会议召开，中国教育协会正式成立，会议确定的研究项目中有涉及乡村教育的课题。1985—1990年全国性学术研讨会、群众性研讨活动高涨。在此背景下，乡村教育研究实验基地建设和研究取得了一定成就。1989年，山西省陶行知研究会首届二次学术年会探索了乡村教育为乡村社会主义建设服务的新路子（刘辉汉，1989）。1997年中国陶行知研究会师范教育与农村教育综合改革山西现场研讨会提出办好乡村教育，立志乡村改造（李汝信，田贵明，1997）。

进入新世纪（2000—2016年），学界普遍关注乡村教育实践体系的优化。有学者研究了乡村教育政策的实施情况，提出跨文化、跨学科研究（王锡宏，2003；马戎，2007，2010；赵小明，2006；王鉴，2015；张海云，祁进玉，2016）。有学者论述了乡村教育先驱黄质夫先生的乡村教育思想及其在贵州的教育实践，提出扎根乡村、切实为乡村教育服务的人才培养理念（梅宗乔，2001；杨蕴希，孙晓黎，2009）。在"以县为主"管理体制下，有学者认为"以县为主"管理体制使县域范围内农村中小学校结构布局重新规划调整成为可能，有利于稳定教师队伍，提高教师素质（袁桂林，2004）。2004年8月中国教育学会第17次学术年会的主题是"中国农村教育的改革与发展"。学者围绕"中国农村教育的改革与发展"展开激烈的讨论，形成"离农的教育"还是"务农的教育"以及"实施普通教育"还是"提供职业教育"对立的观点（洪俊，2006）。这两种观点的争执反映了制约乡村教育改革价值取向的因素（洪俊，2006）。2005年，中国现代文化学术研讨会回顾了20世纪30年代的乡村教育运动，强调国家、社会团体与民众的互动研究（李自典，2005）。2008年，全国政协委员李和平表示，义务教育不能出现教育不公。促进教育公平关键在于提高乡村义务教育质量，义务教育的公平性需要考量教育教学质量（张乐天，2007a）。2009年，《教育史研究》创刊二十周年暨中国教育史研究六十年学术研讨会召开，学者们比较了梁漱溟、陶行知的乡村教育思想（崔玉婷，2009），聚焦文化救国、教育救国思想对社会主义新农村建设的启示（唐长河，2009）。2009年，首届首都高校教育学研究生学术论坛召开，学者们在"离土"视域下考察中国乡村教育问题，探讨乡村教育的人文重建（王玉国，2010）。

值得一提的是，这一时期，有学者开始关注教育政策的研究类型、研究规范性及研究方法，认为政策研究的主要任务是理解政策如何演变，以在总体上改进政策制定过程（涂端午，陈学飞，2007）。有学者提出，文本的政策分析有助于从文本以及与之关联的历史脉络和社会实践中挖掘和积累政策知识，进而发展本土政策理论或分析框架，丰富教育政策的同时，促进教育政策制定的改善（涂端午，2009）。有学者聚焦教育政策在乡村的实施情况，包括实施的现状、取得的成果、面临的问题以及可采取的措施（滕星，2000；马戎，2007，2010）。自 2006 年实施农村义务教育经费保障机制改革以来，有学者提出，乡村教育须在宏观体制和微观治理方面深化改革，实现农村义务教育发展机制向城乡一体化转型（陈静漪，宗晓华，2011）。也有学者从国家和地方的层面入手，结合国家和地区整体的社会发展情况，思考乡村教育有效提高民族整体素质的功能（蒋莉，2011）。在中国乡土知识传承与校本课程开发研讨会上，海路（2012）强调乡土认同教育是国家认同教育的基础，学校教育应当重视乡土教育。此外，也有学者从民族志的视角研究乡村学校的衰落与乡村教育的发展（李芳，2012），借鉴晏阳初乡村教育观来探究乡村学校课程实践（姜廷志，蒙佐德，2012），以及强调乡村教育要重视文化（白杨，2015；吴明海，2015）。

新时代（2017 年以来）乡村教育研究呈现新的趋势：新型城镇化背景下，乡村教育转型需结合城镇化进程（李潮海，于月萍，2017）。2018 年第八届云南省科协学术年会上，学者们一致认为，振兴乡村，必须振兴乡村教育（曾汝弟，2018）。2019 教育信息化与教育技术创新学术研讨会上，乡村学校的老师认为，政府、学校、家庭、社会应协同共进，振兴乡村教育，推进教育公平，建设教育强国，办人民满意的教育（李钊锋，2019）。在乡村教育实践方面，有学者继续论析黄质夫在贵州少数民族地区的乡村教育实践，强调他的乡村教育思想和教育方式奠定了乡村教育的发展基础（王尤清，2019）。这一时期，学界开始讨论中央与地方结合的中国特色乡村教育政策研究（左春伟，吴帅，2019）。

这一时期值得关注的是，构建乡村教育政策研究的中国话语（马戎，郑惠元，2018）要坚持依法推进中国乡村教育政策，发展乡村的人文资源，强调县域内校际资源的均衡配置和落实乡村教师支持计划的重要性（王鉴，2019）。黄巨臣（2019）基于"权力—技术—组织"的分析框架探究乡村振兴中的农村教育扶贫政策，聚焦乡村教育扶贫政策的价值意蕴、实践困境与推进路径。欧阳修俊在《新中国成立 70 年乡村教育研究回顾与思考》一文中指出，乡村教育研究经历了慢步摸索时期、稳步积淀时期和阔步发展时期三个发展阶段。中国乡村教育的研究主题涉及民国乡村教育经验、乡村教育变迁逻辑、乡村教育的根本问题、乡村教育的价值取向、乡村教育的文化使命、乡村教育的发展策略、乡村教育的经费投入、乡村学校课程与教学改革、乡村教师专业发展、乡村教育与乡村社会发展等 10 个方面（欧阳修俊，2019）。针对乡村义务教育财政体制，应持续加大对乡村义务教育的投入，明确各级政府的责任划分；完善乡村义务教育经费转移支付制度，建立监督机制；确保高效、合理地使用乡村义务教育转移支付资金，建立政府外部监督机制，充分发挥人民代表大会、政协和社会舆论、民间组织等的监督作用，加强对乡村义务教育财政转移支付全过程的监督（高小立，李欢欢，2019）。新时代乡村教育振兴，应积极有效地依法推进教育政策（王鉴，2019），进一步促进乡村教育均衡、充分发展（欧阳修俊，2019），这是新时代乡村教育研究领域的基本任务之一。同时，我国乡村教育模式正处在一个变革时期，需要解决师资量少质弱不稳定、国家通用语言文字推广力度不够等问题，凝聚乡村教育扶贫合力，提升乡村教育治理水平和教育扶贫成效（白杨，2019；李郭倩，张承洪，2020）。

这一时期，在政策精准性视角下，学者们探讨了乡村教师激励机制（王红，2019），也有学者指出经济发展水平、乡村振兴战略、公平而有质量的教育发展追求为乡村师资供给侧改革提供了有利条件（秦玉友，2020）。雷经国（2020）关注到乡村学前教育政策研究视角、内容、方法的突破与创新。面向教育现代化，有学者提出以城乡教育有特色融合发展促进农村教育现代化和乡村教育振兴（白杨，2020；郝文武，2021）。另一方面，针对乡村教师生存发展及角色认同面临的困境，有学者提出城乡一体化下的乡村教师政策转型应推进城乡多元文化教育，实现乡土文化适应（罗生全，李越，2020），从理想信念教育、乡土文化教育和优秀乡村教师榜样教育来培养乡村教育情怀（董泽松，2021）。强调做有尊严的乡村教师是乡村教育的关键所在（巴登尼玛，2019；刘冲，巴登尼玛，2019，2020，2021）。2021年华南教育信息化研究经验交流会上，乡村教育行业有三十多年教龄的一线教师认为，村民素质的普遍提高、文明乡村的规划建设、丰富的知识文化生活都离不开乡村教育（武永富，2021）。进入新时代，有学者回顾在百年历程中，中国乡村教育的改革和发展始终贯穿于中国共产党加强乡村教育发展的方针政策之中（刘奉越，张天添，2021）。脱贫攻坚向乡村振兴战略转移政策赋予了乡村教育发展机遇和挑战（杜尚荣，朱艳，游春蓉，2021）。

三、乡村教育研究动态

在乡村教育研究方面，国外有关政策话语研究与乡村社会结构整合的研究成果较多。国内有关乡村教育政策话语分析的研究还比较欠缺。已有的教育政策文本分析在内容分析和话语分析上都有所涉及，但研究的理论性和深度不够，较多的研究局限在对文本浅层次的描述和分析上，尚没有"走"出文本，将文本与其所处的历史脉络和社会实践进行"对话",以揭示政策文本的丰富内涵和内在逻辑。乡村教育政策研究的规范性,以及研究方法与理论的有机结合也都有待加强。具体而言,已有研究不足主要体现在以下三方面。

(1)研究历史演进中的乡村教育政策没有借助话语分析视角。应把乡村教育政策和相关的话语和语境经验联系起来,解释乡村教育政策话语生成的动态性。

(2)缺乏对乡村教育实践与其他社会实践之关系网络的深入分析。改变乡村教育政策话语实践是乡村社会变化的主要组成部分,这种外在关系决定着乡村教育政策话语的内在构成。

(3)目前学界从国家、省、县到学校层面乡村教育实践中话语属性的实证研究成果较少。从县域地方经验出发进行该研究,才能够揭示乡村的本质特性,从而实现对乡村教育政策话语演变的深刻理解。

总体而言,国内外乡村教育政策话语研究为本书提供了有益启示。话语是乡村教育政策过程的重要特征,因此本书将话语作为乡村教育政策分析的重要内容。现有研究的不足也构成了本书选题的重要原因和突破口:从话语与社会的角度,解释改革开放四十多年乡村教育政策演变,展现出观念、话语和制度等要素对乡村教育政策的综合性作用与机制,尝试回答我们自己提出的"作为中国教育事业最基层的乡村教育是个什么样的教育"这个问题。为此,本书采用理解性叙事的方法,记述四川省三个县——献县、仁县、洲县乡村教育的具体实践,并将这些实践置于我们所发现的特定的乡村教育政策话语的逻辑中去表现和展示,进而寻求他们在这些特定逻辑中的意义。

在本书中,乡村教育就是发生在县级行政区的乡村教育形式,特别关注县域内乡村教育政策运作和政策实践案例。县作为地方经济文化区域,具有历史稳定性和延续性。面对教育现代化发展新趋势,县域内的乡村教育也面临新的问题与挑战,如前所述,乡村师资量少质弱不稳定问题、乡村教育政策运行问题、乡村教师面临生存发展以及角色认同的困境等。同时,我们也看到新时代我国社会的主要矛盾发生了根本性的变化,乡村教育的社会基础与需求也发生了相应的变化,如何根据《宪法》之根本规定,积极有效地依法推进乡村教育政策,是新时代乡村教育研究领域的基本任务之一。

第二节 乡村教育政策分析的基本框架

在过去的二十年中，全球化背景下的乡村教育研究在教育领域日益凸显（Theobald，Nachtigal，1995；Kallaway，2001；Postiglione，Hannum，Kong，2020；White，Downe，2021）。许多政治、经济、社会文化和生态因素解释了乡村面临的困难。然而，本书主要关注两个因素：乡村教育政策以及乡村教育政策与教育实践的关系。

一、乡村教育政策研究内容

本书以话语—实践的关系作为主线，探究改革开放四十多年来乡村教育政策话语演变：乡村教育政策话语（discourse）的结构特征、话语生成的过程和相关语境因素；乡村教育政策话语与话语实践过程（discourse practice）之间的关系；乡村教育话语实践过程与社会文化过程（sociocultural practice）之间的关系。探讨乡村教育政策话语的发展脉络、特征及现代性话语状况，从而进一步探讨乡村教育政策话语的建构。本书也是对改革开放四十多年来乡村教育的回顾，反映乡村教育发展的纵向脉络，描述中国乡村教育政策是如何走向成熟和日趋完善的，并从中进行反思，以期能为促进乡村教育健康发展提供有益启示。比如，如何在乡村教育体系建设上进一步夯实中国特色乡村教育的历史逻辑、理论逻辑和实践逻辑，强化中国特色社会主义乡村教育事业体系的结构性特征和地域性规划；在全面建设社会主义现代化国家新征程中，如何进一步发挥乡村教育蕴含的巩固拓展脱贫攻坚成果同乡村振兴有效衔接的内在价值。具体来说，有以下内容：

（1）乡村教育政策话语在社会活动中生成的考察。分析改革开放四十多年乡村教育政策话语的结构特征、话语生成的过程和相关语境因素（语言、情景、认知）。对不同时期乡村教育政策观念、话语和制度等要素进行梳理、归纳、分析。

（2）乡村教育政策话语反映社会之现状调查。乡村教育政策观念、话语和制度反映并塑成乡村社会规范，规范影响相关行为者的实际行为。深入调查乡村学校社区教育政策内容中有关教学水平、教学模式等情况，特别是政策制定者对传统文化价值的态度和介入；对"课堂建设""校园文化建设""师德工作""乡村教师队伍建设""乡土教材建设""五育并举""依法治校""推普脱贫攻坚行动计划""家校共育"等进行调查。

（3）乡村教育政策话语改变社会之深入分析。在文献梳理和田野调查的基础上，通过个案分析、比较研究、归纳演绎等进一步深入研究，揭示不同历史阶段乡村教育政策话语使用者的社会认知影响乡村社会结构的历史演进逻辑，总结乡村教育理论构建与实践过程的历史经验。宏观维度上重视国家和政策、社会环境、经济环境、政治文化以及国际环境等因素的变化对乡村教育政策的供给、输入与输出以及不确定性影响。微观视野关注政策行动者因素，特别是乡村教师。将乡村教育政策内容的分析定位在一个更广阔的经济、社会和历史背景中，并考虑其在最广泛意义上对政策领域的影响，促进社会公平和公正。

本书涉及的概念较多，需要从不同角度，用新的视野来重新诠释和解释这些概念。

1. 乡村社会

在本书使用的范围内，乡村社会作为一个相对于乡域社会的概念被提出，国内学者，如贺雪峰、吴毅等人都曾经使用过这一概念。本书中的"乡村社会"是一个布迪厄意义上的具有相对自主意义的完整的时空关系网络，包含着我们将乡村教育提升到乡村社会研究的方法论上的思考。当我们从宏观研究进入微观领域的乡村研究时，以县域内乡村学校为考察单位的微观学校社区成为研究对象。依据费孝通先生的方法论，研究社会结构，必须是具体的社区，因为社区是联系着各个社会制度的人们生活的时间和空间（费孝通，1985）。乡村囿于地理、文化、经济等原因，是巩固拓展脱贫攻坚成果同乡村振兴有效衔接的战略高地。

2. 美丽乡村

美丽乡村作为乡村振兴的载体，契合了美丽中国建设中对乡村的具体诉求，有利于自上而下在乡村学校中找到与国家战略的结合点。同时，美丽乡村有利于个体化乡村学校自下而上与国家战略布局形成呼应。

3. 乡村文化

乡村文化以一种贴近村民需求的方式将空间再造与实质内容分解到日常生活中，使文化的传承与创新在生活化的场景中实现了形式的推广与普及。乡村文化是乡村教育实现的基础。乡村特有的地理环境、生态空间、风俗人情彰显出乡村教育的优势在乡土乡情。

4. 乡村教育

本书探讨了县域政府教育政策的运作过程及其影响机制。对于这一过程与机制在乡村基层社会的展开和铺陈，我们称之为"乡村教育"。本书研究的乡村教育包含了社会科学研究的广泛现象：经济因素、人口趋势，还有意识观念以及埋藏在人们内心深处的价值、政治制度的结构与传统、乡村社会文化传统等。新时代，乡村的社会文化因素构成了特定的乡村教育政策环境。优秀领导者对乡村教育政策实践的成功至关重要，学校教育政策的设计应有效解决突出问题，从而实现乡村有效治理和乡村可持续发展。

5. 乡村振兴政策

本书综合对于乡村教育政策历史脉络做了更为宏观的梳理。党的十九届五中全会提出，把"优先发展农业农村，全面推进乡村振兴"作为"十四五"时期我国经济社会发展的重要任务之一。新时代新阶段推动乡村高质量治理和发展，正是贯彻落实党中央决策部署的集中体现。2012年以来，我国城乡体制改革和建构呈现出系统性特点，解决城乡服务均等化，改善乡村基础设施和打造美丽、生态乡村作为了乡村建设的重点，城乡体制和政策有了明显改善，为乡村振兴战略奠定了很好的制度和政策基础。2018年中央一号文件指出，实施乡村振兴战略，是解决人民日益增长的美好生活需要和不平衡不充分的发展之间矛盾的必然要求。2022年中央一号文件明确指出，加快推进以县城为重要载体的城镇化建设，实施新一轮学前教育行动计划，多渠道加快农村普惠性学前教育资源建设，办好特殊教育，扎实推进城乡学校共同体建设。

6. 乡村寄宿制学校

2001年，《国务院关于基础教育改革与发展的决定》最早提倡兴办寄宿制学校。教育部门推行寄宿制工程建设的初衷，正是优化农村教育资源配置，促进城乡教育均衡发展。寄宿制学校建设工程改善了一批乡村学校的办学条件，对扩大中西部地区义务教育规模，保证中西部学龄儿童入学并完成义务教育起到了积极作用。随着留守儿童数量呈现上升趋势，寄宿制学校正在发挥它的作用，最大限度保障孩子们的学习与生活条件。

7. 乡村教师

乡村教师与乡村社会有着天然的联系。本书突显乡村教师的乡土性。这是因为加快城乡一体化发展，乡村教师的职业信念厚植于乡土情怀。一方面，在乡村教师个体层面上应着重培养教师自身对专业成长的新认识。另一方面，在乡村教师的团队意识上应着重转变乡村教师的教育观念，指向有尊严的、幸福的乡村教师生命形态。

8. 家校共育

家校共育是促进乡村学生健康发展的一个重要途径和手段。家校共育意味着家校建立一个平等的、互相尊重的合作伙伴关系,家校积极沟通,统一思想,密切配合。在乡村社会语境中,家校共育强调学校与家庭的双向互动,学校要帮助家长提高教养素质,又要请家长配合学校的教育与管理,从而提升家长的参与意识、教育观念等,提高家校共育的实效性,共同促进乡村学生的发展。

9. 教育公平

教育公平作为乡村教育的实践目标,凸显"以人为本",旨在实现社会正义。在新时代乡村教育建设过程中,需要树立乡村教育振兴意识,制定科学振兴规划,创新振兴政策实施路径,扩大政策实施效力,合理定位乡村教育政策的价值取向,提升乡村教育质量,最终推进教育公平。

二、乡村教育政策研究方法

本书借鉴福柯的话语理论(Foucault,1980)、拉克劳和墨菲的话语理论(Laclau,Mouffe,1985),以及鲍尔等学者关于政策执行的理论(Ball,et al.,2012)。拉克劳、墨菲以及鲍尔等学者的理论都植根于福柯的话语理论思想(如图1-1所示)。福柯将话语视为"一套社会实践",系统地"形成他们所说的对象",即实践中的"一组规则"(Foucault,1980)。福柯认为:"考古学不是向起源的回归,不是通过话语发现历史,话语就是历史,话语不是媒介,而是事件。"考古学"试图创造另外一种已说出东西的历史"(Foucault,1980)。在福柯的历史考察中,话语分析的关键环节是"话语的形成"(formation of discourse)。他关心的与其说是谁在说话的话语主体,不如说是怎么说和为何这么说的话语规则。在话语形成的历史分析中,福柯着力于搞清话语的对象、陈述、概念与主题选择等是如何进行的,它们的顺序、对应、位置、功能和转换是怎样发生的,进而揭示隐藏其后的权力—知识共生关系(Foucault,1986)。福柯的话语研究跳出以往话语研究所囿于的语言学的狭窄视域,独辟话语分析的社会和实践向度,大大拓宽了话语研究的视野,开创了话语研究的新局面,产生了深远影响,在广阔的人文社会科学领域里,一提到"话语"和"话语分析",人们就把它与福柯联系在一起(白亚鹏,2019)。

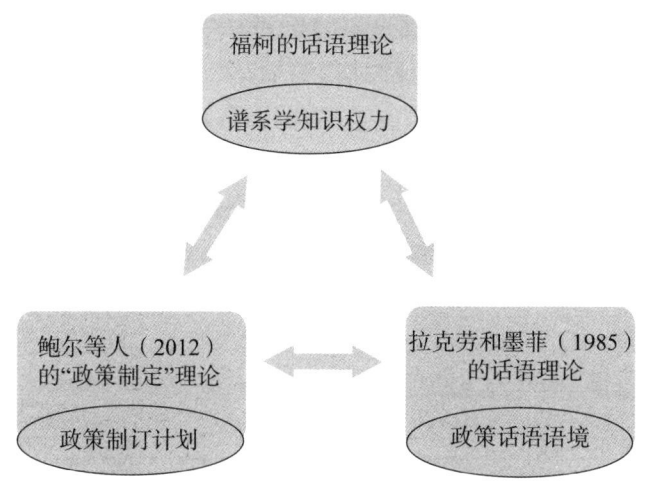

图 1-1 乡村教育政策分析框架的理论基础

拉克劳和墨菲话语理论（Laclau, Mouffe, 1985）的政治逻辑认为，政策被视为制定政治和经济话语的框架。话语语境（the discursive）是理解社会关系的关键所在（Devenny, 2004）。社会是话语的世界，是通过话语连接的实践活动，社会与话语是密不可分的。一方面，话语是由社会建构的，是社会实践的产物，从这个角度看，没有社会就没有话语；另一方面，社会又是由话语的连接实践所构成的，"社会概念被理解为话语空间"（拉克劳，墨菲，2003），从这个角度说，没有话语就没有社会。话语不单纯是语言学上的言语，话语是由社会所建构的一种关系系统（陈炳辉，2010；付文忠，2010）。拉克劳和墨菲就表达这样一种依靠语言符号关系而建立起来的社会结构（袁文彬，2019）。社会及其阶级关系已经变成符号要素，阶级关系就是符号之间的关系（袁文彬，2019）。

这些相关的理论结构补充和丰富了鲍尔等人的"政策执行"概念（Ball et al., 2012），以便更好地理解和探索乡村学校社区日常生活实践中的具体话语实践。鲍尔等人（2012）将学校的政策制定作为一套复杂的解释和翻译过程，政策参与者通过这些过程参与制定多种政策要求的意义并构建对多种政策要求的回应。在政策制定过程中，参与者将使用包括教学、学习活动以及文化艺术品制作的策略（Ball et al., 2012）。话语形式是话语、知识和实践的结合（Foucault, 1986）。由此，本书强调通过乡村教育政策制定过程的教育主体和实践的话语形成。

政策实现了一系列话语实践（Laclau, Mouffe, 1985），这些实践在当地学校环境中得到实现（Ball, 1994）。在政策实践推动下形成政策产品，包括运行保障机制和教育效果等（Laclau，Mouffe，1985）。由此，政策可以实现一系列议程文本、行动和产品，特别是政策行为者与当地乡村学校相关的实践（如图1-2所示）。

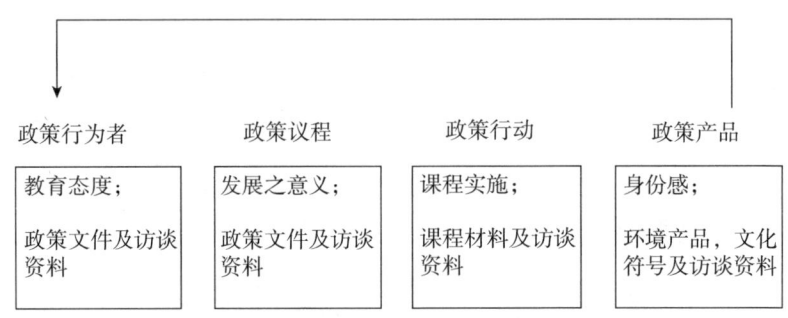

图1-2 乡村教育政策路径与实践分析框架

在以这种方式界定政策话语和政策执行时，本书从以下三方面来研究乡村教育政策话语—实践的关系。

（1）对不同时期的乡村教育政策话语进行语境以及话语特征与话语实践分析，揭示乡村教育政策话语的特定逻辑。

（2）从不同的视角采用不同的话语分析方法窥视改革开放以来乡村教育政策的话语变迁，探究乡村教育政策话语变迁的规律。

（3）反思与建构，通过反观乡村教育政策话语变迁历程，总结出乡村教育政策话语演变的规律，审视目前我国乡村教育政策话语存在的问题，并尝试提出一些建设性的政策话语调整的思考。

福柯、拉克劳和墨菲以及鲍尔等人提出的三种互补理论构成了理解政策话语与政策制定之间相互作用的基础，也是本书的分析方法。本书主要采用话语分析视角，综合运用跨学科方法，分析宏观层面的国家乡村教育政策设计、乡村学校社区环境中的具体执行以及个体层面问题。具体来说有以下三点。

1. 收集文献资料

包括改革开放四十多年来《宪法》、《义务教育法》、全国教育科学规划会议文件以及地方教育政策文件。全国教育科学规划会议是国家层面最高级别的关于教育的重大会议，每次会议文件都是一段时期指导乡村教育工作的纲领性政策文本。对全国教育科学规划会议政策文本中有关乡村教育部分以及相应的地方政府制定的政策文件进行梳理和分析，了解乡村教育政策话语演变及其基本特征。

这种定性研究是在社会建构主义认识论的背景下进行的。反过来，这又为数据收集和分析提供了信息，其中包括通过文件审查、访谈和观察产生的情境化理解。档案数据来自中央和各级地方政府发布的官方政策文件以及相关二手资料。国家层面的大部分官方政策文件都是从中央人民政府的网站以及地方人民政府官网下载的。这些文件用于偏于定量的内容分析以及偏于定性的话语分析（涂端午，2009）。从话语权主体视角来看，这些政策话语属于官方话语。本书的官方话语，主要是指官方通过教育法规等的制定、贯彻、实施和修订，以及对教育评价等的规约或舆论引导（张灵芝，2010），传达社会对乡村教育的要求和规定，引导人的发展走向，它标示着乡村教育的社会历史使命。

2. 田野调查研究

选取四川省献县、仁县、洲县有代表性的乡村学校社区，深入实地，采用参与观察、深度访谈进行资料搜集，然后分析归类，深入研究乡村学校执行教育政策的话语主体、客体、内容、主题、表现形式、活动方式、符号系统以及效果，探讨乡村学校社区对教育政策话语介入或干预的方式，统合乡村教育政策行为者、政策议程、政策行动、政策产品四个层次的事实和因素，探究政策行为者对乡村教育的态度与政策宣传、政策的文本形式和内容、政策的实施和执行效果。

我们将研究领域扩大到了县域而没有局限在乡村，正如费孝通先生在晚年也意识到的，对中国农村的调查不能限于农村，因为在经济上它是城乡网络的基础，离开了上层的结构就不容易看清它的面貌。由此，我们选取四川省三个不同类型的县——献县、仁县、洲县，在县域内乡村社会微型分析的基础上来进行乡村教育的调查研究。献县位于四川盆地东北大巴山南麓，地处渝川陕鄂结合部。2020年2月，四川省人民政府同意献县退出贫困县[①]。2022年1月，四川省政府决定命名献县为首批省级生态县[②]。仁县地处攀西大裂谷，位于川滇交界处。2017年，仁县有义务教育学校23所，村小教学点38个。2021年1月，仁县被国家民委命名为第八批全国民族团结进步示范区示范单位[③]。2021年2月，仁县被评为2020年度四川省农村改革工作先进县（市、区）[④]，

---

① 关于批准叙永县等31个县（市）退出贫困县的通知，四川省人民政府网站[引用日期2022-02-25]。
② 四川命名14个县（市、区）为首批省级生态县，封面新闻[引用日期2022-01-29]。
③ 国家民委关于命名第八批全国民族团结进步示范区示范单位的决定，国家民委[引用日期2021-01-21]。
④ 2019年度四川农村改革工作先进县（市、区）名单出炉22地上榜，新浪网[引用日期2020-02-20]。

2021年8月,仁县被命名为2021—2023年度"四川省民间文化艺术之乡"[①]。洲县位于岷江中上游川西平原西部。2021年2月19日,洲县入选"2020年度四川省乡村振兴先进县(市、区)"名单[②]。

3. 收集了乡村学校社区关于教育政策的文本、地方文献和出版物

一些当地学者、教师参与者提供了他们的研究项目,以及所教班级的学生作文。鉴于相关乡村教育政策话语和政策执行领域未被充分研究(Kayongo-Male,Benton Lee,2004),本书还通过深度访谈,获得学生、教师和家长的观点,强调参与者的声音。从话语权主体视角来看,这些文本话语属于学者话语和民众话语。本研究的学者话语,主要是指教育理论工作者通过撰写教育论著、学术论文,以实证的方法、科学的范式,对教育进行解释、说明,表达自己对教育的主张和观点(张灵芝,2010)。这里的民众话语,主要是指乡村教育实践工作者,包括乡村教师和学生以及普通民众通过随感、书信、微信、征文等形式,表白个体的生存状态和教育生活的实在方式(张灵芝,2010)。同时,从每个乡村学校社区收集了大量的背景数据,包括文化标志和环境符号。

在研究过程中,研究者与参与者建立了融洽关系和一定程度的信任。本书聚焦乡村教育实践中的"最小单位"——乡村教师和乡村学生的微观研究。以教师和学生作为出发点,回归日常生活,并重视乡村教育政策群和乡村文化脉络对于教师和学生的作用。乡村教育政策的实践效用取决于执行实践场域中的政策行为者,特别是教师和学生,他们通过日常生活决定了政策执行的有效性。在本书中,关注乡村学校中的教师和学生的政策执行过程,乡村教育政策与实际的互动。在实践中,教育政策的执行(enactments)不是从文本到实践的贯彻与执行,还涉及许多政策借鉴(borrowing)、政策创新(reinventing)等过程。本书中,乡村教育政策执行研究的立场向乡村教师和学生转变,关注乡村教育政策如何在实践中被个人阐释(interpreted)和形塑(remade),力图展示乡村教育实践场域中政策行为者基于其文化的政策选择及实践。这是以政策行为者为出发点的乡村教育政策路径与实践研究。

总体而言,通过探索乡村教育政策背景,实际政策制定执行过程和政策结果之间的关系,深度剖析改革开放四十多年来乡村教育政策话语的结构特征、话语生成的过程和相关语境因素,并且结合四川省乡村教育的优秀实践案例,

---

[①] 四川公布120个民间文化艺术之乡 快看有你的家乡吗,四川在线[引用日期2021-08-20]。
[②] 祝贺!四川省2020年度乡村振兴先进县(市、区)、先进乡镇、示范村出炉,四川在线[引用日期2021-02-20]。

探讨通向美丽乡村的教育之路,这是本书的重点。

三、乡村教育政策研究意义

本书所涉及的乡村教育的具体问题,需要运用多学科理论成果。为此,我们一方面重视理论探索,运用交叉(多)学科进行综合研究;另一方面,针对现实问题提出建议。

(一)为乡村教育政策研究提供描述框架

基于马克思主义实践论,话语作为乡村教育政策实践的一种形式,其特殊性在于其自反性。话语分析(discourse analysis)即对话语如何产生意义以及如何通过话语实践建构现实世界的研究。乡村教育政策话语研究为乡村教育政策演变的阐释提供更加丰富的语料。乡村教育政策话语既能反映意识形态系统,也能体现乡村教育活动参与者的主体性。话语是乡村教育政策演变最敏感的指针,其研究成果能促进乡村教育政策研究的理论发展。视角上,本书将福柯的话语分析理论作为理解乡村教育的切入点,借助话语分析的视角来理解乡村教育研究,找到了话语分析与乡村教育政策阐释的转换,即对话语这一承载乡村教育实践"意义"的符号媒介在乡村教育政策生成与演变过程中所发挥作用的一次重要考察。福柯认为话语本身就是实践,它能够系统地形塑话语所指的客体,并将话语研究推向历史与实践的维度,将知识生成与社会实践的内在关系关联起来。将乡村教育政策分析的焦点置于话语之上,能够完善对于政策过程的理解,关注政策动态建构过程。教育思想观念的变化首先表现在教育话语的变迁上,话语的变化不仅代表一种新事物、新知识,而且是一种新观念、新思想,甚至是新的价值体系和话语系统。乡村教育话语变迁也反映了乡村教育的变迁历程和教育变革的发展方向,其产生和存在蕴含了关于教育的精神、使命、宗旨、功能与价值等基本问题的价值判断和识别。深入了解多元文化背景下的乡村教育政策过程,有助于从文化持有者的立场理解乡村教育政策的运行。跟踪乡村教育话语变迁,正是跟踪乡村教育的发展轨迹和方向的重要参照系之一,把握教育话语变迁的规律并进一步对乡村教育发展的脉络有一个清晰的了解,有利于教育研究者和行动者把握中国乡村教育发展的基本走势,从而更深刻地理解乡村教育变革的实质,乡村教育未来发展与变革也就有了一定的方向。从这个意义上来说,将话语的概念引入乡村教育领域不仅可以进一步揭示教育与社会、政治、经济、文化、生态等因素之间的关系及规律,厘清乡村教育发展历史、现状与发展趋势，探讨乡村教育领域的特殊规律，也能为我们理解乡村教育变迁的逻辑和机制提供一个新视角。基于文本的政策分析这一研究路径，有助于从文本以及与之关联的历史脉络和社会实践中挖掘和积累政策知识，进而以此为基础发展乡村教育政策理论或分析框架，通过对乡村教育典型个案的理解性话语分析，发掘有力的事实证据验证和发展乡村教育政策研究框架。

（二）为政府制定更切实可行的符合民众新期待的乡村教育振兴政策提供理论和实践依据

乡村教育话语作为多元文化教育的实践范畴和手段，凸显"以人为本"，旨在实现社会正义。方法上，本书运用跨学科方法互视教育、政治、文化、经济与生态关系，强调话语与教育学、政治经济学、社会学、史学、美学等其他知识系统的互动。这样就可以克服被话语论夸大了的语言功能，更加贴近复杂的乡村社会文化制度实践和物质实践，使话语分析更具社会参与性和介入性。同时，以往话语分析多半限于文本等书面文献，相对来说对田野调查和经验研究关注不够（周宪，2013）。因此，本书把乡村教育政策文本分析的话语与乡村社会科学中的经验研究有效结合起来，也是拓展乡村教育实践的一个重要路向。乡村教育政策话语实践是复杂的社会过程，通过历史的比较，把宏观和中观社会理论与乡村语境结合起来，体现微观的运作方式是如何与宏观的政治权力运行相联系，可以更好地把握乡村教育政策话语机制。通过分析乡村教育话语实践，促使话语实践的改变，为决策层制定与中国及当今世界发展趋势相符，并且符合乡村实际的政策提供参考。从实践意义上来说，乡村教育政策话语的变化透射出的乡村教育政策功能的变化，有助于我们更好地了解乡村教育政策的现状和实质，帮助我们深刻理解乡村学校里的种种话语实践，重新思考我们的教育日常生活及其实践。乡村教育政策话语蕴藏着丰富的历史信息。通过话语分析可以获取其蕴涵的真实语义，从而还原出一段真实的历史。政策研究的主要任务是理解政策如何演变，以在总体上改进政策制定过程。四川省三个成功的教育振兴乡村模式，其教育政策话语实践的共同特点是，从当地实际情况出发，以解决突出问题为突破口，注重民主决策、民主管理与民主监督的实现，为广大乡村地区实现振兴提供了有价值的经验借鉴，在丰富我们对乡村教育政策及其过程理解的同时，最终促进乡村教育振兴政策制定的改善。这些教育振兴乡村模式的推动大多以县（市、区）为单位，由政府发起或在政府主导下进行，同时，强调乡村学校范围内的自主治理。深化乡村自治实践，作为治理有效的一项具体任务，是解决我国农村治理工作中存在治理制度不完善、农村自治组织发展落后、村民参与自治程度较低、村规民约流于形式等问题的重要途径。因此，选取成功进行自主治理的乡村学校进行深入分析，探讨乡村学校教育振兴乡村模式取得成功的原因及其可推广之处，对中国广大乡村地区自治进程的推进具有重要意义。

第二章 乡村教育政策及其发展历程

改革开放四十多年来,《宪法》、《义务教育法》、全国教育科学规划会议政策、脱贫攻坚和乡村振兴战略文本中创造出的话语体系为构建乡村教育的具体实践提供了政策依据。本书基于话语分析的视角,深度剖析改革开放四十多年来中国乡村教育政策话语的结构特征、话语生成的过程和相关语境因素,对不同时期乡村教育政策观念、话语和制度等要素进行梳理归纳分析。在这一部分中,我们研究1978至2020年国家、地方政府制定的教育政策文件,追溯改革开放以来全国教育科学规划会议中通过使用某些关键指示话语来构成乡村教育论述的过程。这一过程包括四个阶段,分别是调整期(1978—1991年)、推进期(1992—2001年)、改革期(2002—2014年)、优化期(2015年至今)。

第一节 调整期(1978—1991年)

1978年12月,党的十一届三中全会召开,开启了改革开放的新征程。会议把九年制义务教育作为发展乡村教育的重点,并对乡村教育的管理体制和财政投入体制做出调整。

一、有步骤实行九年制义务教育

1986年4月颁布的《义务教育法》[①]将九年制义务教育上升到法律层面进行保障。以国家立法形式正式确立我国实施九年制义务教育,这标志着乡村教育发展新目标的提出(陈婷等,2018;刘奉越,张天添,2021)。《义务教育

---

① 全国人大法规库,1986,中国政府门户网站:www.gov.cn。

法》第九条明确规定："农村建设发展规划必须包括相应的义务教育设施。"第十二条规定："地方各级人民政府按照国务院的规定，在城乡征收教育事业费附加，主要用于实施义务教育。"《义务教育法》规定：义务教育实行地方负责，分级管理，"实施义务教育所需事业费和基本建设投资，由国务院和地方各级人民政府负责筹措，予以保证"。乡村义务教育实行"三级办学，两级管理""乡镇为主，地方负责，分级管理"的体制，"人民教育人民办"，乡镇政府和农民承担农村义务教育的主要责任（袁桂林，2004），大力推进九年制义务教育的管理体制和投入保障，加强对乡村义务教育事业的支援。

二、国家政策体系中的乡村教育：地方负责，分级管理

1978年10月—1979年1月，教育部先后发出《关于检查普及农村小学五年教育的通知》《关于继续切实抓好普及农村小学五年教育的通知》，对乡村普及小学五年教育工作做出部署（陈婷等，2018）。1979年，教育部、中国社会科学院在北京联合召开了全国教育科学规划会议。参加会议的有来自全国各省、市、自治区的教育专家、学者、优秀教师、学校领导干部以及教育行政部门的负责同志。时任教育部副部长张承先在会上做了关于"大力开展教育科学研究工作"的讲话。这次会议充分肯定了新中国成立以来教育工作的成绩，总结了教育的历史经验，确定了教育事业在调整时期的方针、任务。会议指出，加强义务教育工作，是关系到全局的大问题。发展乡村义务教育必须把加强国家支援和乡村自力更生正确结合起来。除国家大力支援外，还必须充分调动乡村、地方厂矿、企业和社队办学积极性。按照新的财政体制，国家预算中列有支援经济不发达地区发展资金，还有少数民族地区事业补助费、边境地区事业补助费和基建补助费，应在这些经费中都拿出一部分用于乡村教育。同年11月，中共中央批转了湖南省桃江县《关于发展农村教育事业的报告》，其中充分肯定了桃江县以普及小学五年教育为重点，实行普通教育、业余教育、学前教育三者相互衔接、相互促进的经验，对各地普及小学教育起了积极的引导和推动作用（陈婷等，2018）。

1980年，中共中央、国务院《关于普及小学教育若干问题的决定》中提出："必须坚持'两条腿走路'的方针，以国家办学为主体，充分调动社队集体、厂矿企业等各方面办学的积极性。还要鼓励群众自筹经费办学。"实行"划分收支、分级包干"的财政管理体制，乡村义务教育财政主体随之下移。该决定进一步强调："实行两级财政，国家加强计划指导。今后普通教育经费

要由省、自治区、直辖市戴帽下达到县,专款专用,严禁挪用。"1983年中共中央、国务院发出《关于加强和改革农村学校教育若干问题的通知》,指出力争1990年前除少数山高林深、人口特别稀少的地区外,基本普及初等教育(陈婷等,2018)。1984年,国务院发出《关于筹措农村学校办学经费的通知》,要求多渠道筹措农村学校办学经费,除国家拨给的教育事业费外,乡人民政府可以征收教育事业费附加,并鼓励社会各方面和个人自愿投资在农村办学,以调动各地区农村义务教育办学的积极性和主动性。在中央政策的引领下,大多数地区能够根据本地教育发展的实际情况,为农村义务教育增拨一部分办学经费(高小立,李欢欢,2019)。1985年颁布的《中共中央关于教育体制改革的决定》提出,把发展基础教育的责任交给地方,有步骤地实行九年制义务教育。自此确立了基础教育由地方负责、分级管理的原则和管理体制,并明确规定除了国家拨款以外,地方机动财力中应有适当比例用于教育,乡财政收入应主要用于教育。地方可以征收教育费附加。此项收入首先用于改善基础教育的教学设施,不得挪作他用。地方要鼓励和指导国营企业、社会团体和个人办学,并在自愿的基础上,鼓励单位、集体和个人捐资助学。1986年,国家教育委员会发出《关于在普及初中的地方改革初中招生办法的通知》,要求各地特别要注意采取有效措施,搞好薄弱初中建设,使这些学校的校舍、办学经费、师资水平、教学仪器设备等有较大改善和提高。

20世纪80年代,在《义务教育法》的推动下,国家从乡村实际出发,积极推进义务教育(如表2-1所示)。围绕《义务教育法》"有步骤地实行九年制义务教育",国家政策体系中的乡村教育凸显"地方负责,分级管理"的政策话语特征,根据乡村的不同需求,促进了乡村教育的发展。通过一批乡村人才的努力,乡村学校教育和教育水平有了明显提升。随着改革开放政策的落实,乡村环境发生了重大变化,乡村教育水平逐步提升。

表2-1 调整期乡村教育政策梳理

时间	主要政策文件	重点政策话语
1978年	《关于检查普及农村小学五年教育的通知》	普及农村小学五年教育
1978年	《关于继续切实抓好普及农村小学五年教育的通知》	普及农村小学五年教育
1979年	全国教育科学规划会议	大力开展教育科学研究工作
1980年	《关于普及小学教育若干问题的决定》	"两条腿走路"、"划分收支、分级包干"两级财政

续表2-1

时间	主要政策文件	重点政策话语
1984年	《关于筹措农村学校办学经费的通知》	多渠道筹措乡村学校办学经费
1985年	《中共中央关于教育体制改革的决定》	有步骤实行九年制义务教育
1986年	《义务教育法》	地方负责，分级管理
1986年	《关于在普及初中的地方改革初中招生办法的通知》	搞好薄弱初中建设

第二节 推进期（1992—2001年）

一、大力推进九年制义务教育

1992年3月，《中华人民共和国义务教育法实施细则》① 颁布，对农村义务教育管理提出了更加明确的责任划分：城市以市或者市辖区为单位组织进行；农村以县为单位组织进行，并落实到乡（镇），实质上是把农村义务教育的责任交给了乡（镇）政府（高小立，李欢欢，2019）。其中有六条明确规定加大力度推进九年制义务教育：

第三条 实施义务教育，在国务院领导下，由地方各级人民政府负责，按省、县、乡分级管理。

第五条 实施义务教育，农村以县为单位组织进行，并落实到乡（镇）。

第十三条 父母或者其他监护人不送其适龄子女或者其他被监护人入学的，以及其在校接受义务教育的适龄子女或者其他被监护人辍学的，在农村由乡级人民政府，采取措施，使其送子女或者其他被监护人就学。

第二十九条 依法征收的教育费附加，农村的，由乡级人民政府负责统筹安排，主要用于支付国家补助、集体支付工资的教师的工资，改善办学条件和补充学校公用经费等。

第三十条 实施义务教育各类学校的新建、改建、扩建，应当列入城乡建设总体规划，并与居住人口和义务教育实施规划相协调。

---

① 国家教育委员会，1992，中华人民共和国教育部门户网站：http://www.moe.gov.cn。

实施义务教育的学校新建、改建、扩建所需资金,在农村由乡、村负责筹措,县级人民政府对有困难的乡、村可酌情予以补助。

第四十条 适龄儿童、少年的父母或者其他监护人未按规定送子女或者其他被监护人就学接受义务教育的,农村由乡级人民政府,进行批评教育;经教育仍拒不送其子女或者其他被监护人就学的,可视具体情况处以罚款,并采取其他措施使其子女或者其他被监护人就学。

二、国家政策体系中的乡村教育:以县为主

1994 年,我国开始实行分税制财政管理体制改革,财权逐步向上集中。1998 年教育部印发的《关于加强大中城市义务教育阶段薄弱学校建设,办好义务教育阶段每一所学校的若干意见》中,对薄弱学校的描述是:在大中城市的一些中小学中,或因办学条件相对较差,或因领导班子力量不强、师资队伍较弱以及生源等方面的原因,使得学校管理不良,教学质量较低,社会声誉不高,学生不愿去、家长信不过。这里所说的薄弱学校主要指城镇的一些办学质量较差的中小学,而乡村学校在各个方面都较这些学校更加"薄弱"。通过大力推进九年制义务教育,中国在 20 世纪 90 年代基本实现了村村有小学,乡乡有初中。

2000 年,中国九年制义务教育普及率达到了 85%,如期实现了基本普及的既定目标。没有普及的 15% 的县主要在西部地区和中部地区,尤其是在全国 410 个未实现"两基"的县中,有 309 个少数民族县和 51 个边境县均处在西部地区(司晓宏,杨令平,2010)。2000 年起,国家开始在乡村地区逐步推行税费改革。

2001 年,国务院颁布《关于基础教育改革与发展的决定》,提出农村义务教育实行在国务院领导下,由地方政府负责、分级管理、以县为主的管理体制,将乡村基础教育的管理体制由"以乡镇为主"调整为"以县为主"。管理体制的重新优化促进了乡村教育责任主体和办学主体的上移,也强化了县级政府的管理和经费投入职责,有助于提升乡村义务教育的办学质量,保障各地区教育统筹均衡发展。这种管理体制可简称"以县为主"的管理体制,其具体含义是,除了国家、省、地(市)对农村义务教育应尽的责任和义务外,县级人民政府对本地农村义务教育负有主要责任,要抓好中小学的规划、布局调整、建设和管理,统一发放教职工工资,负责中小学校长、教师的管理,指导学校教育教学工作。实施"以县为主"乡村义务教育管理体制为乡村教育进一步发

展奠定了基础（袁桂林，2004）。

各地党政领导部门重视乡村教育，根据国家相关政策法规出台了一系列政策措施。1994年，国家确定了592个贫困县，集中分布于贵州、四川、甘肃、河北、山西、内蒙古、广西、新疆、湖北、江西、安徽、青海、山东等省（区）内，贫困地区存在区域性（连片贫困）、交通不发达、自然资源贫乏、少数民族人口相对集中、产业结构单一、管理体制落后等特点（袁桂林，2004）。"以县为主"管理体制提出后，这些贫困县党政领导闻讯而动，积极研究落实。据调查，几乎所有的省、市级政府都召开了有关职能部门会议，颁发了政府文件，制定了相应政策，落实"以县为主"管理体制的精神。有些地方还就乡村教育统筹规划、布局调整、人事管理、经费统筹措施、教育教学管理、危房改造、教师队伍建设、提高教师住房公积金补贴、稳定与安全、助学、督导等方面问题进行专题研究，明确了各级各部门的管理权限和县、乡、村、校应当承担的义务教育责任，对改善乡村学校面貌产生了积极影响（袁桂林，2004）。2001年伊始，中国宣布基本完成"两基"攻坚任务，基本普及了九年制义务教育，基本扫除了青壮年文盲。

教育经费由县统筹，在很大程度上缓解了农村教育经费紧张状况。贫困县对教育经费管理由县统筹的体制反应积极，并且立即行动落实。例如，四川省某县制定了《关于加强教育经费管理的意见》。从2001年3月1日起，由县财政局设立教育经费专户进行管理，明确了教育经费的所有权、管理权和使用权。还进一步明确了教师津贴、教龄津贴、粮贴、班主任津贴、边远教师补贴、特级教师津贴、学科带头人津贴、驾驶员补贴、取暖费、离休人员护理费等支付办法。四川省某市所属各县（市、区）分别于2001年和2002年将教育经费收归县统筹管理。县级财政设立教育经费专户，对教育经费实行"统一核算、统一支付、专户存储、专款专用"，县级教育局定期将经费拨付给学校。各县还建立了"教师工资资金专户"，保证教师工资按月足额发放。就全国情况看，经济状况好的贫困县在1994年或1998年就将教师工资收到县财政统一发放，现在在"以县为主"管理体制下又进一步得到完善和加强（袁桂林，2004）。

随着《义务教育法实施细则》的颁布，九年制义务教育得到政策的大力推进，同时，推动了国家政策体系中乡村教育的政策话语转向：由"以乡镇为主"调整为"以县为主"（如表2-2所示）。

表2-2 1992—2001乡村教育政策梳理

时间	主要政策文件	重点政策话语
1992年	《中华人民共和国义务教育法实施细则》	农村以县为单位组织进行落实到乡（镇）
1998年	《关于加强大中城市义务教育阶段薄弱学校建设办好义务教育阶段每一所学校的若干意见》	大力推进九年制义务教育，村村有小学，乡乡有初中
2001年	《关于基础教育改革与发展的决定》	地方政府负责、分级管理、以县为主

第三节 改革期（2002—2014年）

随着新农村建设的推进，我国着眼于继续促进乡村地区教育的发展。2006年，第十届全国人大常委会第22次会议审议通过新修订的《义务教育法》[①]，对各级政府举办义务教育的责任、素质教育的实施、义务教育的均衡发展等重大问题提出了法律规定，做出了法律保障。教育系统采取多种形式宣传贯彻新的《义务教育法》，对贯彻落实乡村教育中的一系列重大政策问题进行深入研究，提出了进一步规范义务教育办学行为的政策措施，对乡村教育的改革具有深远意义。

一、推进城乡义务教育均衡发展

2006年6月，我国重新修订了《义务教育法》，新《义务教育法》建立了一系列促进城乡义务教育均衡发展的制度与机制，确立了义务教育保障新机制。新《义务教育法》进一步从法律层面明确对农村义务教育发展的主体责任和有力支持。乡村义务教育经费保障机制改革正在取得良好成效，2006年已经惠及5200万农村中小学生，中西部农村地区3730万名贫困家庭学生获得免费教科书，780万农村中小学生获得生活费补助（张乐天，2007b）。2006年修订的《义务教育法》再次明确提出：对中小学建设的投入由中央政府和地方政府按照比例进行承担，将义务教育纳入公共财政保障的范围。从此，乡村义

[①] 教育部，2006，中央政府门户网站 www.gov.cn。

务教育财政体制由"以县为主"转向"省级统筹",且中央政府对乡村义务教育的财政支出规模不断扩大(高小立,李欢欢,2019)。

二、国家政策体系中的乡村教育:省级统筹

2002年,国务院发布了《国务院办公厅关于完善农村义务教育管理体制的通知》,在农村义务教育投入方面,进一步明确各级政府责任:省级政府统筹安排财力,增加转移支付,解决辖区内财政困难县的中小学教师工资缺口,并增加危房改造资金;地(市)级政府对确有困难的县,给予转移支付,并对农村中小学危房改造给予补助;县级政府确保按时足额统一发放教职工工资,统筹安排农村中小学公用经费,安排使用校舍建设和危房改造资金;乡镇政府义务教育投入责任的弹性较大,规定经济条件较好的乡(镇)要积极筹措经费,改善农村中小学办学条件。

2003年,在全国农村教育工作会议期间,国务院和教育部发布了具有开创性的文件《关于进一步加强农村教育工作的决定》(以下简称《决定》),要求乡村打好"两基"工作攻坚战,并且明确了义务教育实行"在国务院领导下,由地方政府负责,分级管理,以县为主"的管理体制,加强了省、县、学校三级责任(陈婷等,2018)。《决定》指出,"农村教育教学改革的指导思想是:必须全面贯彻党的教育方针,坚持为'三农'服务的方向,增强办学的针对性和实用性,满足农民群众多样化的学习需求;必须全面推进素质教育,紧密联系农村实际,注重受教育者思想品德、实践能力和就业能力的培养;必须实行基础教育、职业教育和成人教育的'三教统筹',有效整合教育资源,充分发挥农村学校的综合功能,提高办学效益。"这一要求为农村义务教育的课程改革指明了方向,即要坚持为"三农"服务的价值取向。《决定》强调:"农村教育在全面建设小康社会中具有基础性、先导性、全局性的重要作用。发展农村教育,办好农村学校,是直接关系8亿多农民切身利益,满足广大农村人口学习需求的一件大事;是提高劳动者素质,促进传统农业向现代农业转变,从根本上解决农业、农村和农民问题的关键所在;是转移农村富余劳动力,推进工业化和城镇化,将人口压力转化为人力资源优势的重要途径;是加强农村精神文明建设,提高农民思想道德水平,促进农村经济社会协调发展的重要举措。"《决定》对乡村教育作用与地位的阐述对于今天我们认识乡村教育在新农村建设中的作用与地位依然具有鲜明的现实意义。由于建设新农村是紧紧着眼于全面建设小康社会,或者说要全面建设小康社会必须建设新农村,所以,认

识乡村教育在新农村建设中的作用和地位与认识乡村教育在全面建设小康社会中的作用和地位是完全一致的（曾荣光，2011）。

该《决定》强调乡村教育是实现教育公平和社会公正的教育工作的最重要组成部分。为了实现社会主义教育的本质要求（第2条），强调加快推进"两基"攻坚：

力争用五年时间完成西部地区"两基"攻坚任务。目前，西部地区仍有372个县没有实现"两基"目标。这些县主要分布在"老、乡、边、穷"地区。……完成这项任务，对于推进扶贫制度、促进民族团结、维护边疆稳定和实现国家长治久安，具有极其重要的意义（第4条）。

同时，政府投资集中在县级行政系统上。《决定》第15条规定了关于以县级为中心的农村普及九年义务教育的行政制度的法令，强调了国务院领导下的县级政府行政管理部门的责任。

《决定》要求落实农村义务教育"以县为主"的体制，将农村义务教育经费全额纳入县级财政预算；中央、省和地（市）级政府通过转移支付支持财政困难县。由此，农村义务教育"以县为主"管理体制实际上也制度化为"以县为主"的财政体制（陈静漪，宗晓华，2018）。该《决定》重申了要落实"以县为主"的农村义务教育管理体制，县级政府要切实担负起对本地教育发展规划、经费安排使用、校长和教师人事等方面进行统筹管理的责任。同时，该文件对中央、省和地（市）级政府，以及县级政府对农村义务教育的投入也有详细规定（袁桂林，2004）。

2005年年底颁布的《国务院关于深化农村义务教育经费保障机制改革的通知》（以下简称"新机制"），以及在这之后一年新修订的《义务教育法》，率先在西部农村地区实施，各种教育资源迅速向西部地区倾斜和集结，使西部地区乡村义务教育在短短的几年内发生了显著变化（司晓宏，杨令平，2010）。"新机制"提出"明确各级责任、中央地方共担、加大财政投入、提高保障水平、分步组织实施"的基本原则，逐步将农村义务教育全面纳入公共财政保障范围，建立中央和地方分项目、按比例分担的农村义务教育经费保障机制。改革的主要内容包括：全部免除农村义务教育学杂费，对贫困家庭学生免费提供教科书并补助寄宿生生活费（简称"两免一补"）；提高公用经费保障水平；建立中小学校舍维修改造长效机制，巩固和完善中小学教师工资保障机制（陈静漪，宗晓华，2018）。"新机制"增加了中央和省级政府的供给责任。2005—2006年"新机制"启动阶段，中央政府主要采取试点办法，在一些经济发展落后的西部地区实施"新机制"，以期提高中央和西部各级政府对教育经费的投入水平,达到增加生均公用经费、提高西部地区农村生均经费标准的目的。国家在西部农村地区全面实施"两免一补"政策,减轻农村家庭教育负担,切实解决农村学生上学难、上学贵的问题(周镭,杜育红,2015)。2007—2009年是"新机制"的全面推广阶段,"新机制"由原来只在西部地区实施,逐步向全国乡村地区推广,进而覆盖全国所有城市和乡村。政策明确了中央政府和地方政府各司其职、按照不同比例共同承担教育经费的规定,规范政府财政投入行为;并通过制定生均公用经费基本标准、贯彻落实新修订的《义务教育法》,对"新机制"的推广给予法律和长效机制的双重保障(周镭,杜育红,2015)。2010年以来,"新机制"运作由过去五年的政策推广转向机制保障与巩固阶段。这一阶段的主要工作内容是进一步提高生均公用经费标准、公用经费基准定额。同时,实施农村义务教育薄弱学校改造计划、中小学教师国家级培训计划,启动农村边远艰苦地区学校教师周转宿舍建设试点项目,通过专项拨款等形式对各级教育中相对薄弱的环节进行有针对性的财政支持(周镭,杜育红,2015)。

2007年,教育部在颁发的《教育部关于大力推进师范生实习支教工作的意见》中指出,师范生到农村实习支教是推动教师教育改革,强化师范生实践教学,提高教师培养质量的有效措施,也有利于帮助农村中小学提高师资水平,促进素质教育的实施。各高师院校必须大力推动"顶岗实习"的开展。2008年第2次例行新闻发布会上,教育部基础教育司司长介绍说,2007年全国普及九年义务教育地区的人口覆盖率达到99%,其中西部地区普及九年义务教育地区的人口覆盖率由2003年的77%提高到98%。可见,乡村孩子上学的问题已解决。同年12月23日,温家宝总理主持国务院常务会议,《国务院关于深化农村义务教育经费保障机制改革的通知》要求按照"明确各级责任、中央地方共担、加大财政投入、提高保障水平、分步组织实施"的基本原则,逐步将农村义务教育全面纳入公共财政保障范围,建立中央和地方分项目、按比例分担的农村义务教育经费保障机制。通知进一步指出:从2006年开始,全部免除西部地区农村义务教育阶段学杂费,2007年扩大到中部和东部地区,对贫困家庭免费提供教科书并补助寄宿生生活费。免学杂费资金由中央和地方按比例分担,对贫困家庭学生免费提供教科书的资金,中西部地区由中央全部承担,寄宿生的生活费补助由地方承担。

2010年颁布的《国家中长期教育改革和发展规划纲要(2010—2020年)》明确要求,以农村教师为重点,提高中小学教师队伍整体素质,对长期在农村基层和艰苦边远地区工作的教师,在工资、职务(职称)等方面实行倾斜政策,完善津贴补贴标准,建设农村艰苦边远地区学校教师周转宿舍,对在农村地区长期从教、贡献突出的教师给予奖励。将推进义务教育均衡发展提升到义务教育战略性任务的高度，要求努力办好每一所学校，教好每一个学生，不让一个学生因家庭经济困难而失学。由此可见，促进义务教育均衡发展，已成为党和国家确立的我国在新时期教育发展的战略方针，充分体现了党和国家对促进义务教育均衡发展的高度重视（郭清扬，2013）。2012年年初，我国全面实现普及九年义务教育和扫除青壮年文盲，义务教育发展中心逐步转向减负提质（陈婷等，2018）。党的十八大以来，以习近平同志为核心的党中央做出了优先发展教育事业、加快实现教育现代化和建设教育强国的重大战略部署。把城乡义务教育的均衡发展放在补短板上，加大对乡村教育的扶持力度，在经费拨付、师资配置等方面有意进行倾斜。

这一时期，围绕乡村教育改革，国家政策体系中的乡村教育政策话语由"以县为主"转向"省级统筹"（见表2-3）。其核心是加大省级政府对省域内乡村教育的统筹领导责任和县级政府对县域内乡村教育的管理指导责任，这是对实际执行过程中不同层级政府间职责不明问题的积极回应。在社会转型和乡村教育改革过程中，进一步明确划分各级政府发展乡村教育的权责。

表2-3 改革期乡村教育政策梳理

时间	主要政策文件	重点政策话语
2002年	《国务院办公厅关于完善农村义务教育管理体制的通知》	经济条件较好的乡（镇）要积极筹措经费，改善农村中小学办学条件
2003年	《关于进一步加强农村教育工作的决定》	坚持为"三农"服务的方向 加快"两基" 明确国务院领导下的县级政府行政管理部门的责任
2005年	《国务院关于深化农村义务教育经费保障机制改革的通知》	提高中央和西部各级政府对教育经费的投入水平 中央政府和地方政府各司其职、按照不同比例共同承担教育经费
2006年	《义务教育法》	促进城乡义务教育均衡发展 义务教育保障新机制
2007年	《教育部关于大力推进师范生实习支教工作的意见》	师范生到乡村"实习支教"
2008年	《国务院关于深化农村义务教育经费保障机制改革的通知》	明确各级责任、中央地方共担、加大财政投入、提高保障水平、分步组织实施
2010年	《国家中长期教育改革和发展规划纲要（2010—2020年）》	推进义务教育均衡发展

第四节 优化期（2015年至今）

新时代，党和国家高度重视乡村教育的发展。在脱贫攻坚与乡村振兴有效衔接的重大决策部署中，把乡村教育摆在优先发展地位，努力实现乡村教育的全面振兴。

一、全面推进义务教育

2015年4月24日起施行中华人民共和国主席令第二十五号《全国人民代表大会常务委员会关于修改〈中华人民共和国义务教育法〉等五部法律的决定》。这是第十二届全国人民代表大会常务委员会第十四次会议《关于修改〈中华人民共和国义务教育法〉等五部法律的决定》的第一次修正。2018年12月29日，第十三届全国人民代表大会常务委员会第七次会议《关于修改〈中华人民共和国产品质量法〉等五部法律的决定》对《中华人民共和国义务教育法》做了第二次修正。

《义务教育法》根据《宪法》制定，与《宪法》高度一致。2018年12月4日，在第五个国家宪法日到来之际，习近平总书记做出重要指示："坚持依法治国首先要坚持依宪治国，坚持依法执政首先要坚持依宪执政。我国现行宪法是在党的领导下，在深刻总结我国社会主义革命、建设、改革实践经验基础上制定和不断完善的，实现了党的主张和人民意志的高度统一，具有强大生命力，为改革开放和社会主义现代化建设提供了根本法治保障。"《宪法》自始至终都对我国的乡村义务教育政策进行了明确规定，全面推进县域内乡村义务教育均衡发展。

二、国家政策体系中的乡村教育：县域内城乡义务教育一体化

2015年4月1日，习近平总书记主持召开中央全面深化改革领导小组第十一次会议时指出：发展乡村教育，阻止贫困现象代际传递。同年，国务院颁发《关于进一步完善城乡义务教育经费保障机制的通知》，强调统筹设计城乡一体化的义务教育经费保障机制；继续坚持城乡一体化原则，保证经费投入努

力朝着城乡义务教育均衡发展方向转变；加大义务教育投入，重点向广大农村地区倾斜。经费投入机制的健全，不仅显著减轻了农民的经济负担，有效遏制了"因贫辍学"的现象，而且破解了长期以来形成的"城乡有别"的义务教育发展格局。为统筹城乡师资配置，同年，国务院办公厅颁布《乡村教师支持计划（2015—2020年）》，明确指出，发展乡村教育，帮助乡村孩子学习成才，阻止贫困现象代际传递。该计划提出要把乡村教师队伍建设摆在优先发展的战略位置，全面推进义务教育教师队伍"县管校聘"管理体制改革，为引导城镇优秀校长和骨干教师向乡村薄弱学校流动提供制度保障。通过建立"县管校聘"制度，鼓励城镇优秀教师"走教""支教"和"轮岗"，有效保障了城乡教育资源的流通和共享，缓解了乡村教师短缺和城乡师资结构不均衡的问题。为配合"县管校聘"制度的进一步落实，还完善了城乡教师招聘机制，制定了城乡中小学教职工编制的统一标准，旨在吸引更多更优质的师资向乡村流动。

2016年，国务院印发了《关于统筹推进县域内城乡义务教育一体化改革发展的若干意见》，提出推动县域内城乡义务教育学校建设标准统一、教师编制标准统一、生均公用经费基准定额标准统一、基本装备配置标准统一和"两免一补"政策城乡全覆盖，实现城乡基本公共教育服务均等化。当前，教育部、住房城乡建设部等部门正在制定《普通中小学校建设标准》。中央编办、教育部将农村中小学编制标准统一提高到城市标准，按小学1：19、初中1：13.5的师生比核定编制，并明确对乡村小规模学校按照师生比与班师比相结合的方式核定编制，对寄宿制学校适当增加编制。在落实政府责任方面，除了加大中央财政的支持力度外，在城乡义务教育一体化发展进程中特别提出要加强省级统筹，实行"省级统筹、以县为主"的管理体制（陈静漪，宗晓华，2018）。

2018年，党的十九大报告指出，推动城乡义务教育一体化发展，高度重视乡村义务教育。报告进一步指出，中国特色社会主义进入新时代，中国社会主要矛盾已经转化为人民日益增长的美好生活需要和不平衡不充分的发展之间的矛盾。这一矛盾映射到教育领域，就是长期存在着城乡教育发展不平衡不充分的问题。同年颁布的《中共中央国务院关于全面深化新时代教师队伍建设改革的意见》和《教师教育振兴行动计划（2018—2022年）》等文件，向师资力量较为缺乏的乡村给予了更多关注和政策帮扶（陈婷，等，2018）。在发展乡村教育的演进历程中，通过采取城乡教育均衡发展战略、城乡教育统筹战略，乡村教育发展取得了一定成就，但也存在着城乡教育资源供给不均衡的问题，在经费投入、师资质量、办学条件等方面存在着较大的城乡差距。如2017—

2019年，乡村小学（初中）生均一般公共预算教育事业费和一般公共预算公用经费支出增长率均低于全国增长率；截至2017年年底，农村义务教育全面普及，小学净入学率接近100%，初中毛入学率超过100%，教育条件和教育质量也得到了极大的提高[①]。显然，推动义务教育优质均衡发展、进一步合理配置义务教育优质资源、减轻义务教育学业负担过重的社会问题、兼顾好教育公平与效率之间的关系、全面提升义务教育质量，并且解决我国教育内部的主要矛盾，成为这一阶段义务教育的主要任务（陈婷，等，2018）。

2018年，中共中央、国务院印发了《乡村振兴战略规划（2018—2022年）》，国家围绕乡村"产业兴旺、生态宜居、乡风文明、治理有效、生活富裕"制定出台了一系列政策。强调优先发展农村教育事业，各级政府要充分认识乡村教育在乡村振兴战略中的基础性、全局性战略地位，推进本土化培养，面向师资补充困难地区逐步扩大乡村教师公费定向培养规模，为乡村学校培养"下得去、留得住、教得好、有发展"的合格教师。建立健全乡村教师成长发展的支持服务体系。加强乡村小规模学校建设，乡村学校布局调整得到进一步规范。同年，《国务院办公厅关于全面加强乡村小规模学校和乡镇寄宿制学校建设的指导意见》指出，乡村小规模学校是乡村义务教育的重要组成部分，并就全面加强乡村小规模学校建设的总体要求、布局规划、办学条件、师资建设、经费保障、办学水平和组织领导等提出明确规定，以办好公平优质的乡村义务教育。《中国农村教育发展报告2017》称，乡村教学点的数量持续增加，2016年共有8.68万所，比2012年增加了2.43万所，占全国教学点总数的88.21%。乡村小规模学校的占比稳定，2016年有10.83万所，占乡村小学与教学点总数的56.06%，占全国小规模学校总数的87.98%。这说明，中国共产党关于加强乡村学校发展坚持"一个都不能少"的方针政策发挥了积极作用。

2020年7月，教育部等六部门印发的《关于加强新时代乡村教师队伍建设的意见》中明确提出，要引导教师立足乡村大地，做乡村振兴和乡村教育现代化的推动者和实践者，要注重发挥乡村教师新乡贤示范引领作用，塑造新时代文明乡风，促进乡村文化振兴。同年10月，党的十九届五中全会审议通过的《中共中央关于制定国民经济和社会发展第十四个五年规划和二〇三五年远景目标的建议》确立了建成教育强国的远景目标，"建设高质量教育体系"的政策导向。在"全面推进义务教育"语境下，国家政策体系中的乡村教育政策

[①] 教育部，2017年全国教育事业发展统计公报。

呈现"省级统筹、以县为主"的混合话语特征（见表2-4）。

表2-4 优化期乡村教育政策梳理

时间	主要政策文件	重点政策话语
2015年	《关于进一步完善城乡义务教育经费保障机制的通知》	统筹设计城乡一体化的义务教育经费保障机制
2016年	《关于统筹推进县域内城乡义务教育一体化改革发展的若干意见》	县域内城乡义务教育学校建设标准统一"两免一补"政策 城乡基本公共教育服务均等化
2017年	党的十九大报告	中国社会主要矛盾已经转化为人民日益增长的美好生活需要和不平衡不充分的发展之间的矛盾
2018年	《乡村振兴战略规划（2018—2022年）》	产业兴旺、生态宜居、乡风文明、治理有效、生活富裕
2020年	《关于加强新时代乡村教师队伍建设的意见》	发挥乡村教师新乡贤示范引领作用，塑造新时代文明乡风，促进乡村文化振兴
2020年	《中共中央关于制定国民经济和社会发展第十四个五年规划和二〇三五年远景目标的建议》	建设高质量教育体系

由于长期实行城乡教育二元化发展政策，乡村教育处于弱势地位，优质教育资源缺乏，教育质量整体较低，成为建设高质量教育体系中的教育弱项和短板。2021年，四川师范大学多元文化研究中心巴登尼玛教授在接受《四川教育杂志》采访时提出，当前乡村教师的流动性极高。部分地方出现乡村学校留不住人才、教师流失现象普遍、师资不足、师资结构不合理、教师知识陈旧等问题。乡村教师队伍建设也存在专业地位较低、学历水平不高、专业自主发展意识淡薄、教师结构严重失衡、住房问题难解决、职业倦怠明显等问题。乡村教师专业成长的困境主要表现为以下三个方面：乡村教师对专业成长认识存在偏差；本土环境对教师专业成长缺乏支撑；乡村教师的乡土色彩日渐淡化（巴登尼玛，2019；刘冲，巴登尼玛，2019，2020，2021）。新时代，四川省县域内乡村教育的优秀案例为这些问题的解决提供了四川智慧。

本书使用政策话语理论来描述和分析这些优秀案例。链接，是文化、思想、意识观念领域的链接，即拉克劳和墨菲所谓的话语链接。链接，只有在话语中才能形成。链接作为一种话语实践活动（孔明安，2004）部分地确定了意义节点（nodal）的建构。教育政策更替与演进过程推动着乡村教育的不断创新与完善。不同类型的教育政策指导不同的教育改革实践。从这个意义上讲，乡村教育政策路径和实践都是链接。本书主要考察四川的乡村教育政策路径和实践情况。乡村教育振兴的"四川方案"探索是下一章的重点。

第三章　新时代乡村教育的县域探索

从党的十九大召开至今，以乡村振兴战略提出为契机，中国开始进入促进城乡融合、构建新型城乡关系阶段，为城乡教育一体化创造了条件。党的二十大报告提出："加快推进义务教育优质均衡发展和城乡一体化，优化区域教育资源配置。"在这一时代背景下，城乡教育一体化是未来义务教育均衡发展的突破口和着力点，是中国共产党处理城乡教育关系的最新发展理念及政策表述，有助于不断优化教育结构，缩小城乡教育之间的差距，实现乡村教育的可持续发展。乡村教育既承载着为乡村地区经济发展和文化传承培养人才、塑造乡风文明的任务，同时也是实现农村农业现代化的重要抓手，而且随着乡村振兴战略的全面实施被赋予新的时代内涵。

本书结合四川省三个县乡村教育具体实践，聚焦乡村教育政策话语反映社会之现状调查。乡村教育政策观念、话语和制度反映并形塑乡村社会规范，规范影响相关行为者的实际行为。从2020年10月至2021年8月，我们先后对四川献县、仁县、洲县乡村学校社区进行了田野调查，收集了各乡村学校社区的基本资料信息，并同相关领导、行政人员、校长、学生、教师和家长进行了交谈和电话采访。他们是乡村教育政策实践主体，即政策决策主体（政策制定者）、执行主体和利益主体（公众）。本次调查涉及四川省献县教育和科学技术局（以下简称献县教科局）、仁县教育和体育局（以下简称仁县教体局）、洲县教育局，献县西关学校、仁县平地学校、洲县新民学校，及其所在社区。一方面深入调查乡村教育政策路径与实践情况，特别是政策制定者对传统文化价值的态度和介入；另一方面也对乡村学校管理、"教学质量"、"德育工作"、"控辍保学工作"、"乡村教师队伍建设"、"乡村教材建设"、乡村学校文化建设、"推普脱贫攻坚行动计划"、乡村学生成长等教育教学实践，以及"五育并举""依法治校""家校共育"等进行调查。根据乡村学校社区政策制定分析框架（参见第一章图1-2），乡村学校社区教育政策话语实践过程的考察涉及政策行为者与当地乡村学校社区相关的实践政策（包括政策文本、政策行动和政策效果）。现选择部分优秀案例作为分析素材。本章共四节：乡村教育的意识与政策宣传、乡村教育政策的文本形式和内容、乡村教育政策的实施、乡村教育政策的执行效果。每一节按照调研献县、仁县、洲县的顺序进行案例分析。

第一节　乡村教育的意识与政策宣传

献县教科局、仁县教体局、洲县教育局的管理及工作人员，献县西关学校、仁县平地学校、洲县新民学校的校长、管理人员、教职员工、学生、家长及当地村民，这些人员在脱贫攻坚、教育扶贫过程中发挥了较大的作用，还参与到了乡村振兴治理中，在各种场合对相关政策进行了反复的宣传动员。这些人员是献县、仁县、洲县乡村教育的政策参与者，他们对乡村教育振兴的态度与政策宣传决定着乡村教育政策的具体执行，直接关系到基层乡村治理效能。

一、教育强县，质量名县，校园美县

在献县调研期间，教科局干部告诉我们，教科局负责拟订乡村教育工作的政策和规范性文件，并监督实施。教科局的教育目标是"教育强县、质量名县、校园美县"，明确乡村教育要把立德树人作为根本任务，全面推动乡村教育高质量发展。乡村学校要树立正确的质量观，坚持"五育并举"，促进学生全面发展、健康成长，努力打造"教育强县、质量名县、校园美县"[①]。"教育强县、质量名县、校园美县"成为我们在献县访谈中的高频词汇。

（1）围绕"教育强县"目标，献县教科局领导反复强调控辍保学工作的重要性。教科局按照《义务教育法》《四川省〈义务教育法〉实施办法》《献县人民政府办公室关于实施"留守儿童"和进城务工人员子女关爱工程实施意见》《献县教育和科学技术局关于抓好2021年中小学教师继续教育工作的通知》精神，开展薄弱学科乡村教师培训、初中生物学科教师培训、"四川省专家服务团助力川陕革命老区振兴发展走进达州——薄弱学科送教活动"。教科局干部主动学习《四川省教育厅关于举办2021年度四川省教师教育教学信息化大赛的通知》和《教育信息化2.0行动计划》相关要求，为提升乡村教师信息技术

---

① 献县教科局，2021.2021年献县基础教育工作要点。

应用能力和水平，推动信息技术与教育教学深度融合与创新，还举办了2021年度献县乡村教师教育教学信息化大赛。

（2）为了建设"质量名县"，献县教科局转发了市教育局《关于督导全市基础教育高质量课堂建设的通知》，要求各乡村学校高度重视，根据《四川省义务教育课程设置方案（2015年修订）》《四川省义务教育地方课程方案（2015年修订）》以及《献县中小学教学常规基本要求（试行）》等文件精神，开齐开足开好课程，全力聚焦高质量课堂建设，扎实抓好教学教研工作，充分做好迎检准备。

在相关工作部署会上，献县教科局要求在课堂教学提质增效基础上，强化作业育人功能，根据《四川省教育厅关于转发教育部办公厅关于加强义务教育学校作业管理的通知》，要求乡村学校"坚持因材施教，严格执行课程标准和教学计划，坚持小学一年级零起点教学。发挥好作业育人功能，科学合理有效地布置作业，帮助学生巩固知识、培养习惯，帮助教师检测教学效果、精准分析学情、改进教学方法，促进学校完善教学管理、开展科学评价、提高教育质量"[①]。考虑到手机在乡村的日益普及，学生使用手机对乡村学校管理和学生发展带来诸多不利影响，为了科学有效提升乡村教育质量，教科局加大宣传力度，强化教育引导："保护学生视力，让学生在学校专心学习，防止沉迷网络和游戏，促进学生身心健康发展，学校每学期开学前两周要集中开展手机使用和管理专题教育活动。"[②] 在"学前教育健康发展"方面，教科局坚持"游戏为主、科学保教"的理念，要求各乡镇中心校和幼儿园要站在"办好学前教育、实现幼有所育，是党的十九大做出的重大决策部署，是办好群众急难愁盼的教育实事，关系千万儿童健康成长，关系千万家庭的切身利益，关系社会和谐稳定，关系党和国家事业未来"[③] 的高度。又例如，献县教科局组织学习《教育部办公厅关于加强中小学睡眠管理工作的通知》，开展加强科学睡眠宣传教育。

这些文件的制定和宣传让我们感受到献县教科局充分认识到了发展乡村教育的重大意义，他们有意识地增强紧迫感和责任感，努力营造发展乡村教育的浓厚氛围，加快推进乡村教育事业普及普惠高质量发展。

（3）围绕"校园美县"，献县教科局坚持榜样示范的魅力。宣传乡村教师

---

① 献县教科局，2021，关于进一步加强中小学作业管理的通知。
② 献县教科局，2021，关于进一步加强中小学生手机管理工作的通知，献县教科局。
③ 献县教科局，2021，关于进一步加强中小学生睡眠管理工作的通知。

优秀典型，展示优秀教师风采，用身边榜样传递师德的力量，激励广大乡村教师见贤思齐，征集优秀教师典型案例。坚持以下征集条件①："第一，全面贯彻党的教育方针，忠诚党的教育事业，政治立场坚定，助人为乐，诚实守信，具有强烈的事业心、责任感和敬业精神，模范履行教师职责，得到学校和社会的良好评价，得到教师、学生、家长的赞许。第二，治学严谨，为人师表，师德高尚，关心爱护学生，关注学生发展，注重教书育人，注重品德教育，积极参与学生管理。这些征集条件凸显出'事业心、责任感和敬业精神''为人师表，师德高尚'的教师之美。"

献县教科局坚持德育工作助力"校园美县"，学习宣传《中共中央国务院关于全面深化新时代教师队伍建设改革的意见》《关于加强和改进新时代师德师风建设的意见》，面向乡村教师组织开展师德专题教育，强化以党史学习教育为重点的"四史"学习教育，引导教师坚定理想信念、厚植爱国情怀、涵养高尚师德。学习宣传《教育部关于在教育系统开展师德专题教育的通知》《中共献县委党史学习教育领导小组办公室关于组织参加"奋斗百年路 启航新征程"庆祝中国共产党成立100周年党史知识网络竞赛活动的通知》，号召各教育督导室落实好《四川省教育厅关于组织开展第三届四川省青年教师"庆祝建党100周年 我把青春献给党"风采大赛的通知》精神，积极组织乡村青年教师参赛。围绕建党100周年，"为党育人，为国育才""我把青春献给党"主题开展演讲活动；学前教育组和小学组结合工作实际发表乡村教育教学感言或讲述乡村教育故事②。

这一系列文件政策的学习宣传，反映了献县教科局的乡村教育指导思想。乡村教师是乡村教育发展的基石，是乡村教育工作的中坚力量。坚持把师德师风建设作为乡村教师队伍建设的第一要务，把师德师风作为评价乡村教师的第一标准，强化引导广大教师有热爱教育的定力、淡泊名利的坚守，以赤诚之心、奉献之心、仁爱之心投身教育事业，以优良师德师风带教风、促学风、肃行风。

在"教育强县、质量名县、校园美县"教育目标的引领下，献县西关学校深入贯彻"质量立校、教研兴校、文化强校、和谐荣校"的办学宗旨③。具体来说，西关学校的办学目标是，进一步加强师德师风建设，增强教师规矩意

---

① 献县教科局，2021，关于在教育系统开展师德专题教育活动的通知。
② 献县教科局，2021，关于征集"我的农村教育故事"优秀教育叙事通知。
③ 献县西关学校，2021，献县西关学校章程。

识、廉洁意识、服务意识、奉献意识；进一步规范办学行为，坚决杜绝乱收费、乱补课、乱订教辅材料等违规行为；进一步减轻学生过重学业负担，护航学生健康快乐成长；进一步减轻学生家庭经济负担，密切家校联系，提升社会满意度；进一步提升教育形象，维护教育声誉，擦亮献县教育金字招牌①。例如，学校在开展科学睡眠宣传教育时，深刻认识到"睡眠是机体复原整合和巩固记忆的重要环节，对促进学生大脑发育、骨骼生长、视力保护、身心健康和提高学习能力与效率至关重要"②。又例如，在学校 2020 秋季开学典礼暨"雏鹰奖学金"颁发仪式上，学校党支部书记、校长在致辞中提到，"老师们肩上的责任关系着学生、家庭和民族的未来"，学校要继续贯彻"质量立校、教研兴校、文化强校、和谐荣校"的办学宗旨，教职工要"进一步提高政治站位，强化使命担当，高起点谋划，高水平推进，齐心协力把学校办出特色、办出水平，向打造一流名校的目标不断迈进"。校长寄语全体学生要"学会学习、学会健体、学会做人、学会感恩，从我做起、从身边做起，努力成长为能够担当民族复兴大任的时代新人"。

二、乡村文化振兴，健康村镇建设

在仁县调研中了解到，2021 年 6 月 4 日，仁县乡村振兴局正式挂牌成立，这标志着仁县脱贫攻坚的历史使命圆满完成，正式迈入全面推进乡村振兴的新阶段。仁县教体局干部告诉我们，教体局负责拟订乡村教育体制改革政策和乡村教育事业发展规划，将"立德树人"作为"乡村文化振兴"的教育支撑，在"健康村镇建设"上发力，推动现代特色农业和阳光康养产业发展。

（1）意识到"立德树人"是"乡村文化振兴"的教育支撑，仁县教体局干部认真研究《四川省教育厅办公室关于开展〈习近平新时代中国特色社会主义思想学生读本〉中小学思政课任课教师培训工作的通知》。根据《教育部办公厅关于〈习近平新时代中国特色社会主义思想学生读本〉中小学思政课任课教师国家级培训工作的通知》要求，帮助思政课教师认识使用《习近平新时代中国特色社会主义思想学生读本》（以下简称《读本》）的重要意义，深入理解《读本》编写意图和价值导向，把握《读本》内容体系和教学重点，切实落实好用习近平新时代中国特色社会主义思想铸魂育人的要求，开展《读本》中小

---

① 献县西关学校，2021，献县西关学校 2020—2021 学年工作总结。
② 献县西关学校，2021，献县西关学校 2021 年秋季"双减""五项管理"工作实施方案。

学思政课任课教师培训工作。

在仁县教体局领导下,仁县平地学校教职工认真开展师资队伍建设工作。学校校长坚信,一所学校,能有好的发展,关键在于教师,因此,我们看到"求真务实,加强教师队伍建设"在学校各项工作文件中的重要位置。例如,学校文件强调政治理论学习,不断提高教师的思想觉悟和政治理论水平。提高教师贯彻执行党的教育方针和国家各项法规、政策的自觉性。学习《中华人民共和国民法典》、事业人员处理办法,并与教师签订师德师风承诺书。党员同志开展"不忘初心,牢记使命"学习活动。同时,学校重视教师培训及进修,不断提高教师的综合素质。2021年,有245人次参加省市区级培训,培训经费达56813.50元。教师继续教育全部合格[①]。

值得一提的是,我们与仁县平地学校校长访谈时,感受到学校对培养年轻教师的意识强烈。校长不断反思学校有没有充分发挥好年轻教师的作用。校长引用梁启超先生的话:"少年智则国智,少年强则国强。"在校长看来,对于一所学校来说,"年轻教师智则校智,年轻教师强则校强"。从2016到2021年,仁地平地学校共分配来了13位年轻教师,其中四川师范大学、西华师范大学、玉溪师范学院的就有8位,成为仁县农村小学校中年轻教师最多、高学历人数最多的学校,彻底改变了学校过去民办教师多(达35%)、学历低、老龄化严重(曾经平均年龄达46.80岁,现在是40.61岁)的困境。校长告诉我们,他每次到仁县教体局开会,局领导都会对他说:"你们学校现在年轻教师很多,你一定要管理和发挥好这些年轻教师的作用,让学校再上一个台阶,把学校办成真正的名校。"校长和我们交流了学校的质量分析报告,我们欣喜地看到了部分年轻教师在学校教学工作中发挥出的重要作用。但是,校长也坦诚地告诉我们,还有很多年轻教师的教学成绩非常不理想,值得年轻教师反思,也值得学校全体班子成员反思。校长的反思更让我们感到培养乡村年轻教师的意识和担当。例如,学校层面:我们的推门听课坚持了吗?我们的常规检查到位了吗?我们的师徒带培落实了吗?教师个人层面:我们的作业批改及时、认真吗?我们课后对学生的辅导做到了吗?我们通常每天几点到校,又是几点离校呢?面向未来,校长信心满满,他说:"2018年习近平总书记在新年贺词中说:'成绩都是干出来的,幸福都是奋斗出来的。'所以,今后很长时间,学校最重要的工作就是对年轻教师的培养、管理、使用。校本教研还需继续深入扎实开展,教师的教科研意识需进一步提高。"在校长看来,只有这样,乡村学

---

① 平地学校,2021,平地学校2020—2021学年工作总结。

校才可能发展；只有这样，学校才能无愧于乡村孩子。

立足地域特色，围绕"乡村文化振兴"目标，仁县教体局领导在每周的例会和学习会上反复强调艺术教育的重要性。教体局组织学习《关于加快构建现代公共文化服务体系的意见》《四川省教育厅关于举办四川省第十届中小学生艺术展演活动的通知》《深化新时代教育评价改革总体方案》和《关于全面加强和改进新时代学校美育工作的意见》精神，按照《教育部关于举办全国第七届中小学生艺术展演活动的通知》要求，在艺术教育方面做出了诸多努力。

例如，仁县教体局大力推进乡村学校艺术普及工作，以满足广大乡村师生对艺术爱好的需求，丰富乡村精神文化生活。认真研读《四川省第十届中小学生艺术展演活动方案》的指导思想，落实立德树人根本任务，加强党史学习教育，宣传强调："社会主义核心价值观为引领，根植中华优秀传统文化深厚土壤，以美育人、以美化人、以美培元，引导学生树立正确的审美观念，陶冶高尚的审美情操，厚植爱国主义情怀，培养德智体美劳全面发展的社会主义建设者和接班人。"① 确定仁县乡村学校展演活动的主题是"阳光下成长"②。展现新时代乡村青少年热爱中国共产党、热爱祖国、热爱人民、树立远大志向、培育美好心灵、勤学上进、志存高远、奋发成长的昂扬风采。

学生艺术实践工作坊也是一个优秀案例。仁县教体局意识到学生艺术实践工作坊作为一项群体性、体验性、互动性、实践性的美术类现场展示项目，应围绕中华优秀传统文化艺术传承。在制定《学生艺术实践工作坊方案》时，有意识地展示具有仁县地域特征、民族特色和教育特点的优秀传统乡村文化艺术项目，包括剪纸、皮影、编织、刺绣、面塑（泥塑）、年画、版画、扎染（蜡染）、民间手工艺制作、创意制作等。仁县学生艺术实践工作坊所选项目展示了乡村学生集体艺术实践活动的过程和成果，并通过现场体验互动、交流推广，助力乡村振兴。

在美育改革实践方面，在调研中获悉，仁县教体局始终贯彻《中小学美育改革创新优秀案例的相关要求》，坚持目标导向和问题导向，形成了具有引领性、突破性、示范性的做法、举措和经验。例如，学习宣传《中共中央办公厅、国务院办公厅印发〈关于全面加强和改进新时代学校美育工作的意见〉》《中共中央办公厅、国务院办公厅印发〈关于深化教育体制机制改革的意见〉》，重点征集的专题内容和优秀案例包括"全面培养教育体系下的中小学美育综合

---

① 仁县教体局，2021，关于参加四川省第十届中小学生艺术展演活动的通知。
② 仁县教体局，2021，关于参加四川省第十届中小学生艺术展演活动的通知。

改革实践、中小学美育教育教学改革、中小学美育教师队伍建设、中小学各学科美育资源开发与整合运用、美育基础薄弱学校帮扶机制构建、常态化学生全员艺术展演机制构建、美育协同育人机制与保障机制构建、中华优秀文化艺术传承、校园文化环境育人实践、美育评价制度改革与'美育进中考'探索"①。

同时，仁县教体局高度重视阅读实践活动对"乡村文化振兴"的潜移默化作用。按照国家新闻出版广电总局、教育部和省新闻出版局、省教育厅《关于开展2021年"我的书屋·我的梦"农村少年儿童阅读实践活动的通知》相关精神，推动"我的书屋·我的梦"农村少年儿童阅读实践活动在乡村学校开展。同时，结合《中共四川省委宣传部等关于开展2020年"农民读书月"活动的通知》《仁县县委宣传部关于开展"农民读书月"活动的通知》，助力"决胜全面小康、决战脱贫攻坚"，推动乡村文化振兴，提升农家书屋服务效能。

仁县乡村读书教育活动大力宣传《新时代爱国主义教育实施纲要》，讲好中国故事，讲好中国共产党故事，讲好新时代中国特色社会主义故事。乡村青少年学习了解中国共产党百年光辉历程，学习了解革命先烈、英雄人物、先锋楷模的光荣事迹。以2020年"农民读书月"活动为例，"脱贫攻坚·共建小康"的活动主题，彰显出仁县在乡村举办"农民读书月"活动的"振兴乡村"目的。仁县教体局认为，活动有利于"加快完善乡村公共文化服务多元供给体系，健全乡村文化惠民服务机制，加强乡村思想道德和公共文化建设，进一步推动农家书屋改革创新、提质增效，提高农民群众的科学文化素质，全面提升乡村德治教化能力，不断满足新时代农民群众对美好文化生活的新需求"②。

（2）围绕"健康村镇建设"的教育目标，进一步激发社会的正能量，仁县教体局积极宣传《食品安全法》《四川省中小学校食品安全管理办法》等法律法规，落实教育部《关于开展教育系统"美好'食'光"校园系列活动的通知》《四川省教育厅关于进一步加强秋冬季学校传染病防控工作的通知》《四川省教育厅关于开展"美好'食'光"校园系列活动和学校餐饮浪费情况自查自纠专项工作的通知》精神。这些文件宣传有利于培养乡村师生食品安全科学素养和健康饮食观念，使其树立正确的消费理念，养成良好的行为习惯，提高乡村学生和教职工对食品安全工作的认知度、参与度。

具体来说，仁县教体局发布活动倡议，要求乡村学校以凝聚节约共识为出发点，向师生员工广泛宣传活动倡议；开展作品征集，积极动员，组织乡村师

---

① 仁县教体局，2021，关于认真学习宣传贯彻中小学美育改革创新优秀案例的相关精神的通知。
② 仁县教体局，2020，关于开展2020年"农民读书月"活动的通知。

生员工踊跃参与教育系统"美好'食'光"校园系列活动主题作品征集活动[①]。活动征集宣传标语、海报和短视频。获奖优秀作品将在教育部、中国教育后勤协会等平台展播,优秀标语和海报将在校园中张贴、悬挂。同时,教体局做好宣传监督,挖掘工作中的好经验、好做法等,通过教育号积极向中国教育发布投稿,设立监督邮箱,有意识地组织开展制止餐饮浪费的学校志愿服务活动,包括文明引导、公益宣传、课题调研等,促进乡村学生自我管理,鼓励和支持学生实行自我教育、自我监督,成为勤俭节约美德的倡导者和践行者。

在仁县调研时,我们看到仁县教体局高度重视健康村镇建设,统筹抓好常态化疫情防控和教育教学的各项工作,提高认识,加强宣传。在"1530"安全教育中加入疫情防控宣传教育,增强防疫意识,提高师生的自我防范能力[②]。例如,教体局落实责任,加强食堂食品安全管理。落实学校主体责任和校长为第一责任人的责任,加强从业人员管理。围绕爱国卫生工作,教体局干部学习《国务院关于深入开展爱国卫生运动的意见》精神,区委、区政府工作决策部署和市爱卫办工作要求,以及《2021年仁县爱国卫生工作要点》,进一步丰富爱国卫生工作内涵,创新方式方法,推动从环境卫生治理向全面社会健康管理转变,推进健康城市健康村镇发展,助力"健康仁县"建设。

三、"五育并举",提升乡村教育质量

在我们和洲县教育局干部的交流中,"五育并举"成为提升乡村教育话语的高频词汇。洲县教育局为贯彻落实中共中央、国务院印发《关于深化教育改革 全面提高义务教育质量的意见》,以及《成都市教育局关于印发〈区(市)县"五育"并举教育质量综合评价实施方案〉的通知》,由德体卫艺和基础教育科等相关科室牵头推进。同时,洲县人民政府教育督导委员会制定并公布了《洲县2020年度学校(园)主要工作任务清单及推进情况考评办法》。

(一)治理体系和治理能力

洲县教育局要求乡村学校健全一校一章程,制定方案,认真研判,明确载体,深化校园意识形态和思想政治建设工作,将社会主义核心价值观、红色文

---

① 仁县教体局,2020,关于开展"美好'食'光"校园系列活动的通知。
② 仁县教体局,2020,关于进一步做好学校新冠肺炎疫情常态化防控和秋冬季传染病防控工作的通知。

化、品格教育等党建元素融入校本课程与课堂教学①。

例如，洲县新民学校党委以彰显"爱心、责任、奉献"核心价值观为抓手，加强学校党员队伍和教师队伍建设，为学校建设和谐校园提供了思想和组织保证。在强化师德师风建设意识方面，制定和宣传学校教职工职业道德考核实施细则；开展以"规范从教行为、弘扬高尚师德"为主题的教育活动；以宣传身边教职工和学生"爱心传递"的优秀事迹为着力点，传播正能量②。

（二）提升乡村教育质量，凸显三个强化意识

一是强化特色教育发展。小学阶段：以"绿道＋教育""青少年校园足球""青少年近视防控"等为重点，开展经典阅读、科创活动，促进学生的身心健康和良好行为习惯养成。初中阶段：按要求参与"初中强校工程"各项工作。紧贴中考改革内容，加强学生综合素质评价的整体性研究，逐步改变以考试为唯一评价方式、成绩为唯一标准评价学生的做法。高中阶段：继续巩固高中教育特色多样发展的良好势头，加强课堂课程建设。探索和实施新高考模式下的教学组织形式、校本课程建设和综合素质评价等，鼓励开展选课走班教学③。

二是强化教育科研的引领和服务职能。坚持科研规划引领，积极申报国家和省、市基础教育教学成果奖。深入开展集体备课与课例研究。强化校本研修，进一步落实教、研、训一体化工作，积极参与校际教研互动、片区教研联动和市级教研成果分享。强化教学常规管理，坚持校内常规检查督查，确保教学有序、高效④。

三是强化高质量发展保障。①推动实施教育信息化2.0行动计划。启动农村学校信息化建设一期行动。用好优质网课资源，推进网络课程建设和应用，促进信息技术与教育教学融合创新发展。②开展"数字校园""未来学校""四川省智慧教育学校"创建。探索"学生综合素质评价""互联网＋教育评价"应用实践。③确保学校体育设施向社区开放。④开展"全民终身学习活动周"活动。完成劳动力转移培训任务。全年开展市民公益性培训（讲座）不少于2

---

① 洲县教育局，2020，关于认真学习贯彻《洲县2020年度学校（园）主要工作任务清单及推进情况考评办法》的通知。
② 洲县新民学校，2020，洲县新民学校党支部工作计划。
③ 洲县教育局，2020，关于认真学习贯彻《洲县2020年度学校（园）主要工作任务清单及推进情况考评办法》的通知。
④ 洲县教育局，2020，关于认真学习贯彻《洲县2020年度学校（园）主要工作任务清单及推进情况考评办法》的通知。

次，送教进社区活动不少于 2 次①。

洲县教育局的三个强化意识在洲县新民学校得到了回应。在调研新民学校时，我们看到，学校积极宣传丰富校园文化，发挥德育功效，创建文明校园。一是继续加强校园环境建设，积极营造校园文化氛围，切实提高校园文化的内涵质量。发挥好宣传阵地的作用，努力提高"国旗下讲话"、专题讲座、班级主题活动的质量，提升师生文明素养。二是加强校园安全稳定，创建和谐校园。坚持学校安全重于泰山、稳定压倒一切的工作理念，认真做好学校安保工作，落实校园综合治理措施，加强师生的人身安全、交通安全、食品安全、消防安全等教育，为师生打造一个安全、稳定、有序的和谐校园。三是"树师德，正师风"。例如，学校在 2020 年 8 月开展了为期三天的培训学习活动。首先，校长在培训动员中强调，为了深入贯彻党的十九大精神，全面加强教师队伍师德师风建设，教师要积极争做"四有"好老师。接着，学校组织全体教师学习了《成都市中小学（幼儿园）教师职业道德行为准则（2017 年修订版）》《严禁中小学校和在职中小学教师有偿补课的规定》和《严禁教师违规收受学生及家长礼品礼金等行为的规定》。随后，围绕"如何构建高效课堂"对教师们进行了培训。针对疫情形势，全体教师进行了"防疫知识"的学习，明确了防控要求，并签订了安全协议。接着，教师们围绕"师生间的沟通技巧"做了"知法、懂法、守法"主题交流。最后，校长就"做一个有良知的老师"与教师们进行了交流，鼓励教师"潜心教书，静心育人"，争做党和人民的"四有"好教师。培训学习活动统一了教师思想，增强了教师法治意识，进一步提升了学校和教师的社会形象。洲县新民学校充分认识到建设一支能够担当起教书育人重任、让人民满意的教师队伍的重要性。

第二节　乡村教育政策的文本形式和内容设置

乡村教育政策议程，包括乡村教育政策的文本形式和内容设置，是乡村教育决策的首要环节，具有先导性和基础性影响。乡村教育政策议程设置可以敏锐感知和见证我国乡村教育，具有实验性和探索性特征。政策议程的产生、发展与变迁带有地域特色，事件发生地对政策议程设置模式具有原生性影响（孙

---

① 洲县教育局，2020，关于认真学习贯彻《洲县 2020 年度学校（园）主要工作任务清单及推进情况考评办法》的通知。

峰，马旭飞，2020）。乡村教育政策议程设置与乡村地域情境深度融合，乡村地域特质影响和塑造着乡村教育政策议程的设置模式。

一、文化兴乡村，脱贫新路子

在本章第一节我们看到，"教育强县、质量名县、校园美县"是献县教科局的教育目标。围绕这些目标，教科局制定出台了一系列"文化兴乡村"政策文件，探索乡村教育脱贫的新路径。这些政策文本中，"乡村振兴""脱贫攻坚"成为高频词汇。

（一）"教育强县"政策的文本内容与献县的地域密切相关

献县是全国革命老县域、四川省扩权强县试点县。献县教科局发布《关于组织参加四川省专家服务团助力川陕革命老区振兴发展走进达州——薄弱学科送教活动的通知》《关于认真做好2021年秋季开学工作的通知》，要求各中小学认真做好招生和控辍保学工作，扎实做好组织学生入学工作，多举措控制学生流失，确保适龄儿童少年全部入学，认真组织残疾儿童少年入学，确保其受教育的权利，努力建设"教育强县"，走出文化兴乡村的脱贫新路。

（二）"质量名县"政策的文本内容凸显由内向外的提升质量

例如，《献县中小学教学研究室关于进一步明确2021年"向赛场竞技要水平"活动有关事宜的通知》提出，"向课堂教学要质量、向赛场竞技要水平、向考场应试要成绩"的工作路径，持续开展"向赛场竞技要水平"活动。《献县教育和科学技术局关于下达2021年小学教育教学工作目标任务的通知以及献县教育和科学技术局关于下达2021年初中教育教学工作目标任务的通知》《献县教育和科学技术局关于开展献县2020年义务教育道德与法治、语文、历史学科教材应用提升培训的通知》，帮助每一位教师充分认识教材的重要思想价值，准确把握教材的政治方向和价值导向、编写原则和总体思路，全面落实立德树人根本任务；帮助一线乡村教师更深层次地理解好新教材，使用好新教材，增强教材的育人效果，指导深度教研、骨干引领示范和常态化的教育教学，组织开展献县2020年义务教育"三科"教材应用提升培训活动。

献县教科局向乡村学校发布《关于举办2021年度献县教师教育教学信息化大赛的通知》《献县教育和科学技术局关于抓好2021年中小学教师继续教育工作的通知》，旨在帮助新聘乡村教师"站稳讲台"。又例如"青椒计划"远程培训，以互联网为手段，以专业课程、师德课程、学科课程为基础，为新聘乡村教师提供为期一学年的陪伴式成长服务。献县西关学校认真学习落实上述文件，制定了《新进教师业务知识竞赛方案》，推进学校新教师培养工程，有效实施了"三向三要"活动。参赛对象包括西关学校新进的特岗教师、公招教师、免费师范生。这些乡村教师参加所教学科知识、教学技能技巧、学科课程目标掌握等业务知识竞赛。

打造"质量名县"的政策内容涉及普惠率和入园率。献县教科局学习宣传《中共中央国务院关于学前教育深化改革规范发展的若干意见》精神、学前教育三年行动计划，着力规范办园行为。规范办园行为的制度文件包括《幼儿园管理条例》《幼儿园工作规程》《3~6岁儿童学习与发展指南》《献县公办幼儿园保教工作考核细则》等，献县教科局组织开展对公办幼儿园（含中心校附设幼儿园）办园行为督导评估，促进幼儿园遵循幼儿身心发展规律，面向全体幼儿，关注个体差异，坚持以游戏为基本活动，保教结合，寓教于乐，促进幼儿健康成长，防止和纠正幼儿教育"小学化"倾向。落实优质公办园与薄弱园的结对帮扶工作，组织举办全县学前教育现场观摩活动，充分发挥示范、引领作用，加强对乡村幼儿园、民办幼儿园保育教育工作传、帮、带，提高乡村幼儿园整体办园水平。

打造"质量名县"的政策内容还涉及保证中小学生享有充足睡眠时间，促进学生身心健康发展。献县教科局相继出台《献县教育和科学技术局关于进一步加强中小学生睡眠管理工作的通知》《献县教科局关于进一步加强中小学生手机管理工作的通知》以及《献县教育和科学技术局关于进一步加强中小学作业管理的通知》等文件，切实减轻学生作业负担，加强义务教育学校作业管理。上述文件精神在献县西关学校得到深入学习宣传。学校制定了《2021年秋季"双减""五项管理"工作实施方案》，进一步减轻中小学生课业负担和家长负担，保证学生享有充足睡眠时间，加强学生手机管理，保证学生每天足够的锻炼时间，促进学生健康成长。而且学校配套制定以下文件：《献县西关学校"五项管理"实施作业管理督查表（初中）》《献县西关学校"五项管理"实施作业管理督查表（小学）》《西关学校学生睡眠情况问卷调查表》《西关学校"课程设置""课后服务方案"落实检查表》《献县西关学校学生读物管理情况登记表》。

（三）"校园美县"政策的文本内容设置与师德工作紧密联系

《献县教育和科学技术局关于加强2021年师德建设的通知》强调开展师德

专题教育活动。献县教科局发布《关于征集优秀教师典型案例的通知》，进一步加强师德建设，选树宣传教师优秀典型，征集优秀教师典型案例。重点是近年来在教育教学工作中做出突出贡献、获得各种表彰奖励的教师，以及在平凡工作岗位上做出不平凡业绩的一线乡村教师。

在优秀教师典型的引领下，西关学校教职工积极参加了由西关镇政府主持的"献县脱贫攻坚脱贫攻坚'大走访、大排查、大整改'专项行动业务培训会"，学习了《献县脱贫攻坚整县摘帽"大走访大排查大整改"专项行动工作方案》。学校教职工也参加了西关镇党委书记对相关工作的培训。培训会上，镇党委书记要求学校工作人员按时、按质、按量完成此次行动，不能给"脱贫摘帽"拖后腿，助力"校园美县"。

二、校校有活动，人人都参加

如本章第一节所述，仁县教体局的教育目标指向"乡村文化振兴"，正式迈入全面推进乡村振兴的新阶段。仁县教体局以振兴乡村的活动为抓手，激发学校、社区、师生、村民内在活力，倡导全民参与。"校校有活动""人人都参加"成为政策话语的核心。

（1）仁县教体局相继推出的活动方案，包括《2020年"课堂教学大比武"活动方案》，进一步提升乡村教师专业素质，促进信息技术与课堂教学融合创新，推动信息化教学常态化应用。

按照这个活动方案的要求，仁县平地学校制定了活动流程，主要包括教师网上"晒课、优课"征集两个阶段，依托四川省资源平台开设的"课堂教学大比武"专题网站，进行信息发布、教师作品提交、作品评审等管理工作。学校制定的《2021年度春季学期"优秀教案评选"活动方案》进一步推动了课程教学设计改革，规范和完善了教学行为，鼓励乡村教师积极研读教材，创新教学设计，为乡村教师搭建交流学习平台，切实提高乡村教师的教学水平和课堂教学质量。

乡村教师教学展评也是"乡村文化振兴"政策中的重要活动。仁县平地学校学习《仁县教育和体育局关于开展第二届中小学创新课堂教学展评活动的通知》，在活动中充分使用《仁县第二届中小学创新课堂教学展评活动评分表》（见表3-1），展现了乡村教师应用信息技术的积极性和创造性，推动了信息技术与学科教学的融合应用，提高了乡村课堂教学效率和教学水平，促进了信息技术与乡村课堂教学的融合创新。

表3-1 仁县第二届中小学创新课堂教学展评活动评分表

评价维度	评价要点
教师主导适切度（30分）	教学目标明确、重难点突出、详略得当、难易适度、循序渐进、结构清晰
	根据学生认知水平和心理特征，教学设计灵活多样，教学内容呈现的形式丰富多彩
	以学生为中心，关注差异，精准诊断，因势利导
学生主体参与度（30分）	线上线下的多感官协同、多元合作式的个性化学习
	课堂上主动参与、积极思考、敢于展示、乐于分享
	拓宽学习的广度，增加学习的深度，改变学习的态度
课堂生态融合度（20分）	以学生为中心，优化教学情境与交互方式，鼓励自主合作探究，做到教法与学法贯通，传承与创新并举
	在情感上：老师信任激励，学生好学乐思，课堂氛围亲切融洽，民主和谐
	在资源的利用上：线上与线下融合，虚拟与现实融合
	教学技术上：能够将新媒体新技术作为学生学习和认知的工具，巧妙运用技术手段和工具，引导学生开展多种形式的学习
教学有效达成度（20分）	有开放度，教师善于启发，鼓励合作，深度学习
	活动预设充分，问题设置有针对性，关键问题能引发学生积极思考
	反馈及时，指向性强，对教学调控与诊断效果好
	课堂有生成，整体分层递进，学科素养与课程目标达成度高

针对传承仁县的红色基因，仁县教体局开展"红心向党，爱心追梦"系列主题德育活动。《仁县教育和体育局开展"红心向党 爱心追梦"第三届"文轩教育杯"中小学班主任专业能力大赛决赛方案》，共设定"书面测试""治班策略展示""班级活动方案撰写""案例分析"四个比赛项目（见表3-2）。值得一提的是，班主任专业能力大赛对于乡村学校来说，旨在进一步加强乡村中小学班主任队伍建设，有效促进班主任能力提升，促进城乡校际的学习和交流，落实立德树人根本任务，展示班主任的技能和风采，进一步加强班主任队伍建设，发挥好乡村学校班主任在德育工作中的主力军作用。

表 3-2　仁县教育和体育局开展"红心向党　爱心追梦"第三届"文轩教育杯"中小学班主任专业能力大赛决赛比赛项目

项目	时间	内容	要求	权重	备注
书面测试	30 分钟	考查班主任工作应知应会的政策、法规和行为规范	了解和熟悉班主任工作相关的政策、法规和行为规范	10%	在选手报到后集中进行
治班策略展示	10 分钟	介绍目前所带班级的基本情况，阐明自己的教育思想、治班理念、策略方法（包括班级文化建设、班级管理、班级活动等），以及已取得的成效、形成的班级特色等	比赛前由选手自行制作 PPT，现场展示，10 分钟以内完成	20%	赛前准备 PPT，现场展示
班级活动方案撰写	30 分钟	根据现场所抽背景材料题，设计撰写一节主题班会或集体活动方案	主题富有教育性；内容有针对性，符合学生年龄特点及品德形成规律；形式新颖，以活动为基本载体进行设计；过程突出师生参与性、互动性；结构完整	30%	现场抽题，30 分钟内完成方案撰写
案例分析	15 分钟	运用现代教育理论和教育原则以及心理健康教育原理和方法准确判断、分析教育教学、学校管理等方面的真实案例，提出解决的思路、方法和依据	分析科学，判断准确，有效运用教育学、心理学等学科原理；思路清晰，对策得当，可操作性强	40%	选手提前 15 分钟抽取案例，答辩时间为 15 分钟

依据《教师法》《中小学教师职业道德规范》《教育部关于进一步加强和改进师德建设的意见》，平地学校结合学校实际，制定了《仁县平地学校师德考核方案》以及有关平地学校教职工师德考核的各项表格（见表 3-3～表 3-5），进一步加强了乡村师资队伍建设，不断提升教师队伍的整体素质。

表3-3 仁县平地学校教职工师德考核自评表

学年度：20　　至20　　学年度

填表时间：　　年　　月　　日　　　　　　教职工姓名：

考核项目及分值	考核内容	教职工自评分	备注
爱国守法及廉洁自律（20分）	热爱祖国，热爱人民，拥护中国共产党的领导，拥护社会主义，注重维护国家利益和国家形象；全面贯彻国家教育方针，模范遵守法律法规和学校各项规章制度；积极参加政治学习和升旗仪式，关心时政，与时俱进；不传播违背党和国家方针政策的言论；积极推进教育系统行风建设，严格执行义务教育阶段收费标准，按规定实行收费；不以任何方式利用职务之便接受学生、家长给予的现金、礼品、有价证券等实物消费以及旅游、娱乐等服务消费		
爱岗敬业及关爱学生（20分）	忠诚于人民教育事业，热爱工作岗位，有强烈的职业荣誉感、历史使命感和社会责任感；热爱学校，积极承担各项任务，认真履职，认真备课、上课、批改作业和辅导学习困难学生，做到勤恳敬业，乐于奉献；顾全大局，服从学校整体工作安排及特殊情况下的工作调度；严格执行学校各类安全要求和措施，把学校安全、学生安全放在本职工作的首要位置，重视对学生的安全教育；不对本职工作敷衍塞责，不以任何理由、任何方式干扰正常的教育教学秩序，损害学生利益		
岗位服务及钻研业务（20分）	树立终身学习理念，崇尚科学精神，认真钻研业务，拓宽知识视野，更新知识结构，不断提高适应素质教育和教育教学改革的持续发展能力；认真参加各类业务进修，认真钻研课程标准，了解学生及家长的需求，遵循教育教学规律，服务学生；牢固树立人人都是育德者的思想，积极参与学校管理工作，主动听取学生、家长的意见和建议，改进工作方法，提高自身育德能力；不举办或与社会办学机构合作举办向学生收费的各种培训班、实习班、提高班，不利用学校资源和场地进行家教或为他人家教提供条件		
言传身教及为人师表（20分）	坚守高尚情操，知荣明耻，严于律己，以身作则，模范遵守公民道德规范和职业道德规范，以自己良好的思想和行动影响学生；提倡文明健康的生活方式，言行举止得体，遵纪守法，树立良好的教工形象，注重仪表；在考试、评估考核、职称评审等工作中，不弄虚作假；不在工作时间打牌、下棋、看影片、上网聊天或玩游戏等		
团结协作及勉励共进（20分）	热爱学校，顾全大局，维护学校声誉；建立和发展平等互助、紧密团结的领导与教职工之间的合作关系；同事之间互相尊重、学习，取长补短，充分发挥个人的独立独创精神，树立团队意识，实现共同目标，共创和谐校园；投入文明单位创建活动，在为社区服务、共建活动、社会实践中尽职尽责，为学校增光添彩		

续表3-3

考核项目及分值	考核内容	教职工自评分	备注
一票否决	如有以下行为之一者，实行一票否决制，师德师风考核直接认定为不合格：1. 发生安全隐患，不采取措施而引发安全事故的；2. 违反国家法律法规的；3. 侮辱学生人格，造成严重后果的；4. 体罚或变相体罚学生致伤致残的，或造成重要社会影响的；5. 唆使学生违法犯罪的；6. 侮辱猥亵学生的；7. 搞有偿家教，从事第二职业的；8. 乱收费、乱征订或变相推销教辅、商品的；9. 参与邪教组织、传销活动的；10. 课堂组织不力，课间疏于管理而造成学生伤害，情节严重的；11. 值周、值班不到位，造成安全管理事故和国有财产损失，情节严重的；12. 因严重违反师德规范，处理事故严重失当引起上访，损害学校教育教学形象的		
	综合得分		

表3-4 仁县平地学校教职工师德学年得分评价及调查表［家长或学生评价用表］

填表时间： 年 月 日　　　　年级：　　　　班级：

班级任课教师姓名	评价内容及分值		评价得分	存在违反师德行为的具体表现（有就填具体行为表现，无在此栏填"无"）	满意度（请在相应栏目内画"√"）	
	职业道德（50分）	教学能力（50分）				
	1. 思想端正，作风正派，具有奉献精神、职业热情；2. 对待学生公正、有爱心；3. 爱护学生，没有侮辱、体罚或变相体罚学生；4. 不以教师权利要求家长和学生送礼或私下进行有偿补课；5. 没有乱征订教辅刊物、乱收费现象；6. 尊重家长，经常与家长平等交流	1. 教师热爱学习，所学文化知识对学生有良好的影响；2. 教师认真上课，认真批改作业，辅导学生认真、耐心；3. 教师能将学科知识与生活实际相结合，提高学生的综合实践能力；4. 学生对教师所教的课有浓厚兴趣，学习成绩有所进步				
					满意	不满意

表3-5 平地学校教职工师德考核评价标准［考核小组用表］

填表时间： 年 月 日

内容	考核项目及分值					
	爱国守法（14分）	爱岗敬业（30分）	关爱学生（14分）	教书育人（14分）	为人师表（14分）	终身学习（14分）
基本要求	热爱祖国，热爱人民，拥护中国共产党领导，拥护社会主义；全面贯彻国家教育方针，自觉遵守教育法律法规，依法履行教师职责权利；没有违背党和国家方针政策的言行；遵守学校的各项规章制度	忠诚于人民教育事业，志存高远，勤恳敬业，甘为人梯，乐于奉献；对工作高度负责，认真备课上课，认真批改作业，认真辅导学生；严格遵守劳动纪律，按质按量完成教育教学任务；服从工作安排，没有敷衍塞责现象	关心爱护全体学生，尊重学生人格，平等公正对待学生；对学生严慈相结合，做学生良师益友；保护学生安全，关心学生健康，维护学生合法权益；不讽刺、歧视学生，不体罚或变相体罚学生	遵循教育规律，实施素质教育；循循善诱，诲人不倦，因材施教；培养学生良好品行，激发学生创新精神，促进学生全面发展，不以分数作为评价学生的唯一标准	坚守高尚情操，知荣明耻，严于律己，以身作则，衣着得体，语言规范，举止文明，关心集体，团结协作，尊重同事，尊重家长，作风正派、廉洁奉公	崇尚科学精神，树立终身学习理念，拓宽知识视野，更新知识结构，潜心钻研业务，勇于探索创新，不断提高专业素养和教育教学水平
考核细则（有所列行为之一，均按项扣1分计算，直到扣完该项分值为止。）	违背教育法律法规言行，造成不良影响；向师生散布反动、色情等不良言论或不良举止；随意诋毁和违反国家政策；在学生中散播落后消极思想和言论；出现有损于学校同事声誉的言行；不遵守学校规章制度造成恶劣影响；无故不参加学校组织的活动；无故不参加学习、例会和不按要求书写政治、业务学习笔记；不服从学校临时安排的工作；进入不健康的娱乐场所；有违法行为的，受党政处分或依法追究其法律责任的，扣除该项全部得分；故意不完成教育教学任务；随意停学生的课、剥夺学生权利、占用学生休息时间，加重学生课业负担	不关心学校，不自觉维护学校形象，有影响学校形象的言行（若因工作失职、言行失误对学校形象产生恶劣影响者，此项不得分）；不热爱学生，不关心学生的学习、身心健康；不遵守学校的教师出勤管理制度，无重大特殊原因，未经批准、旷工、缺课，在工作期间从事与教育教学无关的活动，如打牌、炒股、玩游戏等；不认真备课、不备课上课无故不交的；课堂上有哭闹、喧哗等失控现象，无特殊原因坐着上课；上课迟到、早退、中途离开课堂；作业未批改或批改不及时、不认真；辅导学生不到场；不服从学校合理行政，未达到学校规定的工作量	不关心爱护学生，不尊重学生人格；不公平对待学生；不认真履行安全教育及管理职责；学生突发伤病时，不迅速通报，及时救治；危急时刻，不能自觉挺身而出，保护学生安全（一票否决）；体罚或变相体罚学生（一票否决）；讽刺、挖苦、歧视学生；不对学生进行培优补差；放弃学困生；不帮助和辅导品行有缺陷的学生；不定期家访，有事没及时告知家长；不能积极宣传科学的教育思想和方法，促进家校互动有力、不认真；辅导学生不到场；不服从学校合理行政，利用家长办私事	没有实施素质教育和因材施教，教学手法机械；教育教学工作中没有渗透德育；未改进教育教学方法，未精心组织课堂教学和实践教学活动；学生作业量过大，家长反映属实；未综合评价学生素质，未客观评定学生操行；公开学生成绩排名次	无故拒绝参加公益、志愿者活动等公益活动；参加赌博、迷信、邪教等活动；监考不严、弄虚作假、营私舞弊；穿拖鞋、背心、过于暴露的衣着等不符合标准的服饰；课堂不讲普通话，不使用规范汉字；在课堂上打电话、玩手机、上网做与教学无关的事；对学生进行有偿家教；向学生推销、代购教辅资料；私自办班，私自在校外兼课、兼职（一票否决）；违反上级规定的收费项目和标准，擅自收取学生费用（一票否决）；索要、收受学生及家长钱物，或要求学生及家长为其谋取利益（一票否决）；利用职权强迫、动员、诱导学生接受校外机构组织的讲座、培训等各种形式有偿辅导或服务的（一票否决）；散布有损学校和集体荣誉的言论，扰乱正常教学秩序；诋毁他人，在同事之间造谣滋事，互相谩骂、打架；故意刁难、责骂学生家长，经人举报，查证属实	政治学习缺席；政治笔记未按时按量完成；继续教育学习缺席；继续教育学习笔记未按时按量完成；业务学习缺席；业务学习笔记未按时按量完成；教学基本功比赛无故缺席；教科研活动缺席；教科研笔记未按时按量完成；未按时上交各类总结、心得、感悟等资料	评分
教职工姓名	该项考核得分	该项考核得分	该项考核得分	该项考核得分	该项考核得分	该项考核得分

续表3-5

平地学校开展"家长或学生评价师德"和调查活动引发师生的思考及家长的关注。在采访学校教师时，教师们纷纷表示，活动促进了思想道德素质和业务素质的提高，有利于优良校风、教风、学风和村风的营造。乡村教师是乡村学校立校之本，师德是乡村教育之魂。加强乡村学校师德建设，提高教师素质，强化教师的事业心、责任感，对于全面推进素质教育，净化乡村教育行业风气，都具有重要意义。

(2)"健康村镇建设"具有鲜明的地域文化特色。如前所述，仁县教体局在"健康村镇建设"上发力，推动现代特色农业和阳光康养产业发展。《仁县文化广播电视和旅游局关于举办仁县2021年春季群众公益艺术培训班的通知》规划了村镇公益艺术培训科目，包括民间舞、舞蹈基础班、书法、中国画、古筝、吉他、二胡、声乐合唱、语言表演（普通话培训）、折纸艺术（非遗传承），培训内容的重点是学习民间舞的身形及基本步法，了解民间舞的风格特点及文化背景，提升学员的舞蹈审美意识，拓宽知识面，提高综合素质。特别是折纸艺术（非遗传承），主要学习折纸的基础入门。通过学习培养人的脑、手、眼相结合的能力，培养人的想象力、观察力和创造力。

仁县平地学校也先后制定出台了一系列内容丰富、形式多样、参与面广的乡村教育活动文件。例如，《仁县平地学校2021年艺术节文艺汇演活动方案》《仁县平地学校"童心向党　阳光下成长"校园艺术节暨庆祝中国共产党成立

100周年文艺汇演》，这些文件凸显活动目的在于展示乡村教师们的精神风貌，增进教职工之间的情谊，使教师们身心得到健康发展。又如，《仁县平地学校庆祝中国共产党成立100周年"学史崇德、学史力行"教职工演讲比赛活动方案》内容以"学史崇德、学史力行"为主题，结合乡村教师对党史学习的感受、感悟或体会设计演讲具体内容。"校校有活动、人人都参加"的局面，有效推动了仁县"乡村文化振兴、健康村镇建设"。

三、依法治校，科研兴教

如本章第一节所述，"五育并举"成为洲县提升乡村教育的意识导向，集中反映在洲县人民政府教育督导委员会制定并公布的《洲县2020年度学校（园）主要工作任务清单及推进情况考评办法》，凸显"依法治校""科研兴教"的政策话语。这个指导性的文件聚焦乡村学校健全一校一章程。

洲县新民学校依据《中华人民共和国教育法》等有关法律法规以及《洲县2020年度学校（园）主要工作任务清单及推进情况考评办法》，制定了《洲县新民学校章程》（以下简称"章程"）。学校积极推进素质教育，启动教育现代化工程，提高乡村教育教学质量，促进学校持续、稳定健康发展，创建主动适应社会主义市场经济，具有中国特色的、面向21世纪的现代新型乡村学校。阅读学校"章程"，我们深刻感受到文本话语凸显出的学校"提升乡村教育质量、强化特色教育发展"的意识。"章程"明确以"培养学生聪明才智的学园"为校风，以"陶冶学生高尚情操的花园"为教风，以"发展学生兴趣爱好的乐园"为学风，以"百花齐放，做最好的自己"为校训。学校近期目标是：坚持依法治校、科研兴教的方针，通过优化课程结构、教学过程、育人环境、管理机制、办学条件，全面贯彻国家的教育方针，促进学生全面素质和个性特长和谐发展，把学校建成特色鲜明的小学。

具体来说，在"提升乡村教育质量、强化特色教育发展"的意识引领下，"章程"文本内容聚焦"依法治校"和"科研兴教"。

"章程"的第二章行政管理第七条明确学校实行校长负责制。校长要加强教育政策法规、教育理论的学习，加强自身修养，提高管理水平，依法对学校实施管理。校长的主要职责：①全面贯彻国家的教育方针、政策、法规，坚持社会主义的办学方向，执行上级指标，树立正确的办学思想，面向全体学生，使学生得到全面的生动活泼的发展，把他们培养成有理想、有道德、有文化、守纪律、身体健康的一代新人。②认真组织教师学习政治与钻研业务，使之不断提高政治思想、职业道德、文化业务水平及教育教学能力，注意培养班主任和业务骨干教师，努力建设德才兼备的教师队伍。③依靠党组织，积极做好教师和职工的思想政治工作，自觉接受党组织的监督。④充分发扬民主，重视教代会在学校管理中的重要作用，注意发挥广大教师和职工的主动性、积极性和创造性，自觉接受教代会的监督。⑤充分发挥领导群体的智慧、力量和整体功能，同心协力，合作互补。⑥自觉接受上级主管部门的领导、指导和监督。⑦全面主持学校工作。

"章程"对校长依法全面主持的学校工作内容也做了明确界定。①制定学校的发展规划和学年、学期的工作计划，并认真组织实施。在广泛听取各方意见的基础上，按有关规定权限和程序对学校改革与发展的重大问题做出决策。②领导和组织德育工作。把德育放在首位，坚持教书育人、管理育人、服务育人、环境育人的工作方针，领导制定德育工作计划，建设德育工作骨干队伍，采取切实有效的措施，发动全体教职员工，坚持不懈地加强对学生的思想、政治、品德教育。③领导和组织教学工作。坚持以教学为主、全面安排的原则，按照国家规定的课程方案、教学大纲，开齐开足各门课程。遵循教学规律，建立和完善教学管理制度，搞好教学常规管理。深入第一线，正确指导教师进行教学活动，努力提高教学质量。④领导和组织体育、卫生、美育、劳动教育及课外教育活动。督促有关部门和全体教职工合理安排学生的学习、文娱、体育活动，注意劳逸结合，减轻学生课业负担，努力改善教学卫生和环境卫生，培养学生养成良好的体育锻炼习惯和卫生习惯，增强学生体质，建好劳动教育基地。⑤贯彻勤俭办学原则，坚持为教书育人和教职工服务的方向，严格管理校产和财务。搞好校园建设，关心学生和教职工的生活，保护他们的健康，逐步改善办学条件。⑥领导和管理学校的人事工作，不断提高教职工的业务水平，合理安排教职工的工作。⑦按照招生规定，保证片区内常居适龄儿童全部入学。⑧采取有效措施，防止事故的发生，保证师生的人身安全。⑨做好退休干部、教师工作，充分发挥他们的作用。

值得一提的是，在访谈校长依法治校问题时，我们了解到依法治校与当地乡村社会的关系也是学校"章程"的重要考量。"章程"文本内容强调，发挥学校的教育主导作用，努力促进学校教育、家庭教育、社会教育的协调一致、相互配合，形成良好的育人环境。"章程"还明确规定学校接受社会、家长、学生的舆论监督，定期听取他们的意见。

例如，在新民学校《"新冠疫情"背景下，农村寄宿制学校家校共育的行动研究》和《新民学校学校教学资源向社区开放工作方案》两个方案中，"学

校教育、家庭教育、社会教育的协调一致"成为方案文本内容的焦点。以下是我们参与两个方案讨论内容的记录:

方案一:《疫情防控背景下,农村寄宿制学校家校共育的行动研究》

1. 关于"家校共育"时机的讨论

"宅家"隔离,最需要"家校共育",也是最佳的"家校共育"时机。我们看到,教师们在讨论农村寄宿制学校家校共育方案时,充分认识到这对于学校、教师和家长来说,既是机遇,更是挑战。

就学校而言,校长认为,新民学校是一所典型的农村寄宿制学校,现有学生428人,寄宿生423人,占98.83%。大部分家长已经习惯周一送孩子入学,周五接孩子回家,周末照顾好孩子的衣食住。所以,周一到周五孩子的学习和生活都交由学校教师来负责。教师在培养孩子良好的学习习惯的同时,更注重培养孩子良好的生活习惯,努力促使这些寄宿环境下的孩子更加自主、自律。

就寄宿制学校的家长而言,教师们普遍认为,这些家长平常家庭教育意识就比较淡薄,在疫情下进行家庭教育显得更为吃力。疫情发生以后,每个家庭亲子两代人或三代人一起"宅家",严防病毒感染。复工复学后,许多农村家庭父母会外出打工,将孩子留给祖辈代管(学校现有学生428人,其中留守儿童131人,占30.6%。),祖辈们就承担了对孩子学习的督促,接任对孩子心理的疏导、习惯的培养。这种情况下更需要学校、教师对其进行家校共育的指导。每个家庭的生活习惯、社会交往、家庭教育方式等不同,也会给疫情期间的"家校共育"带来巨大挑战。那么,如何引导家长在家监督、指导孩子的言行、学习与活动,提升孩子的学习自主性、生活自律性,如何加强家长与孩子的沟通与交流,如何引导孩子养成良好的卫生习惯,提升防疫意识,如何促进学生对勇敢、奉献等品格的认知与学习,等等,都是摆在学校、教师和家长面前的难题。复课后,学生在校时间长,而学校人口相对密集,如何安排一日常规活动以及疏导防疫工作下的压力、情绪,也将成为学校的重要工作。

就学校教师而言,校长介绍说,现有40人,平均年龄43岁,20人超过45岁,近5年将有16人退休。虽然教师年龄结构偏大,但作为寄宿制学校的教师,他们有着非常强的责任心和仁爱心。疫情的发生让教师们非常焦急,不知道孩子们在家进行学习活动会是怎样的情境。上级部门要求"停课不停学",那么孩子们宅家学习就必须要依赖家长。前面已经提到寄宿制学校的家长们家庭教育意识相对淡薄,教师们也在主动思考:如何与家长沟通,提升"停课不停学"的学习效率?如何运用现代化的技术设备对孩子的学习和生活进行督查和指导？如何突破寄宿制学校的固有模式，体现"停课不停学"现状下教育的创新性，实现教师的潜能开发？

2. 关于"家校共育"的行动研究目标、研究方法、研究步骤和保障机制的讨论

《疫情防控背景下，农村寄宿制学校家校共育的行动研究》方案提出，疫情期间，组织教师、家长进行家校共育的内容、技术、形式等指导非常必要。复课之后，开展师生、家长共同参与的爱国教育、感恩教育、抗疫心理教育、防疫卫生教育等主题活动也是家校共育所必需的。以下是讨论农村寄宿制学校家校共育的行动研究方案中关于研究目标、研究方法、研究步骤和保障机制的记录。

家校共育行动的研究目标。①通过研究，形成农村寄宿制学校家校共育的有效机制，生成体系性、可持续的主题教育系列活动，提升乡村学校应对公共突发事件的能力。②通过研究，增进家长与学校、教师之间的沟通，创新家校共育的工作方式。③通过研究，提升农村寄宿制学校家校育人专业指导能力，依托多样性手段，实现家校育人的多元化。④通过研究，提升乡村学生在应对突发公共事件中的学习自主性、生活自律性。

家校共育行动的研究方法。①问卷调查法。通过前期对教师、家长（学生）设备的准备、使用，喜欢的上课方式、内容等的调查与分析，为后期宅家学习活动提供数据支撑，更好地实现家校共育。②行动研究法。疫情防控下家校共育让教师和孩子们不能如约回到学校，那么孩子的学习活动就需要在家进行，而这种学习指导形式，家长和教师都从来没遇到过。所以只有采用不断地实践、反思、总结、再实践、再反思、再总结的螺旋上升的行动研究方法，才能实现家校共育的最佳成果。③个案研究法。通过对具有典型特征的乡村学生或家庭进行个案追踪调查和分析，了解家校共育对乡村孩子的影响。④比较研究法。即分别对乡村教师和家长进行纵向比较。从疫情开始以后的状况，到前后的对比情况做分析。

家校共育行动的研究步骤：疫情发生以后，孩子们的返校时间被一再延长，如何更好地实施农村寄宿制学校的家校共育，成为新民学校深入思考的问题。学校主动承担引导家长在家陪伴、指导孩子学习的家校共育的工作，按如下步骤展开研究：

第一阶段：前期准备。制定、发布《洲县新民学校新冠肺炎疫情线上教学调查问卷表（教师）》和《洲县新民学校新冠肺炎疫情线上教学调查问卷表（家长）》，形成调查研究报告。进行教师与家长的培训。制定家校共育的相关

制度。召开课题研究工作会，撰写并完成立项申请表。

第二阶段：实施阶段。①成立班级、年级、校级三级家委会，并制定家委会工作制度和工作职责，建立家委会工作台账。明确工作职责，形成工作制度，发挥三级家委会的最大职能，促进家校共育工作的平稳实施。②成立家长学校，确定并实施家长课堂的内容与形式，形成家长学校工作制度，建立家长学校工作台账。邀请家长参与家长课堂，通过多种形式、多个主题活动对孩子们进行德、智、体、美、劳多方面的教育，让家校共育能够成为常态化的工作，让寄宿制学校的乡村孩子能随时感受家的温暖。③制定新冠肺炎疫情下，宅家学习的方案、措施、制度。通过一系列完整的制度建设，让家校共育实现更加完整和规范的制度体系，提升乡村学校应对突发公共事件的能力。④拟定并实施家校共育主题活动。将以爱国、卫生、心理、学习、感恩为主题，开展多种形式的主题活动，依托学校现有资源，让家长、学生、教师共同参与，不仅能让这些长期寄宿在学校的孩子学到知识、技能，还能加强其与父母的沟通，让家长更了解孩子，让孩子更了解家长，让家校共育成为"五育并举"的重要手段。

家校共育行动研究的保障机制。①制度保障。制定研究工作制度，包括课题研究管理制度、成果奖励制度等，制定对课题主研人员的考核激励制度。②研究力量保障。③工作措施保障。每两周召开一次课题研究工作例会，分享、交流研究过程中的做法并进行反思，安排部署下一步工作。④研究经费保障。设立学校教科研专项资金，加大经费投入，加强教师培训，完善研究人员的考核机制，为研究的顺利实施提供资金保障。

方案二：《新民学校学校教学资源向社区开放工作方案》

讨论会上，教师们一致认为，学校教学资源向社区开放需要明确两个需求。一方面，满足附近社区村民多样化的教育需求，形成学校、家庭、社区三者互为服务、互为制约、互为促进的大教育模式，提高乡村社区居民的整体素质、生活质量和文明程度。另一方面，学校的场地、设施会面向社区开放，在方便社区居民进行活动锻炼和使用的同时，不影响学校教育教学秩序，利于学校管理。为此，学校成立了"向社区开放"管理工作领导小组，讨论界定了开放资源：学校在保证正常教育教学工作的前提下，全方位向社区群众开放学校教学用运动场地、设施、设备、阶梯教室、会议室、图书阅览室、计算机室、多媒体室、语言室、实验室等教育资源。

"向社区开放"管理工作领导小组在《新民学校学校教学资源向社区开放工作方案》中明确开放制度：①学校教育资源面向社会开放，坚持"多样性、有序性、教育性、服务性、公益性"的原则;②学校教育资源向社区成员开放,根据社区成员的需求,逐步有序开放,实现教育资源最大利用,立足于服务社区,取得最大的社会效益;③学校全面开放校区运动场地(操场),并优先向社区青少年、老年人、残疾人开放;④组织社区成员学习学校相关规章制度和安全操作须知,使他们正确使用教育资源,既实现教育资源的共享,又保证教育资源的完好;⑤建立合理的管理制度,探索开放的经验,逐步完善开放制度;⑥加强教育培训,引导学生为社区成员提供服务,倡导社区文明,营造学习型家庭、学习型乡村社区。

上述两个方案文本是对新民学校"章程"的积极回应,我们深刻感受到依法治校与当地乡村社会密切相关。依法治校与乡村社会的关系是学校"章程"的重要考量。

又如,"章程"第六章"教师管理"第三十五条明确学校教师享有《教师法》及有关法律法规规定的权利,履行《教师法》及有关法律法规规定的义务。第三十六条要求教师应自觉按《教师日常行为规范》严格要求自己,热爱祖国,献身教育,钻研业务,教书育人,热爱学生,诲人不倦,遵纪守法,团结协作,仪表端庄,言谈举止文明,以身立教,为人师表。第三十八条规定学校保护教师的一切合法权益,保障教师享有国家政策规定的待遇。"章程"第七章"学生管理"第四十四条明确学生享有法律法规规定的接受平等教育的权利,履行法律法规规定的受教育的义务。第四十六条明确了学生有下列权利:①接受平等教育,对学校或教师的不公正待遇,有权在校内提出申诉,或向上级教育部门提出申诉;②参加学校管理,评议学校工作、教师工作;③参加学校组织的各种活动,使用教学设备、图书资料;④在学习成绩和评价手册上获得公正评价;⑤学生干部为同学、集体服务;⑥享有法律法规和学校制度规定的其他权利。第四十七条明晰了学生应当履行下列义务:①遵守法律、法规和学校的规章制度;②尊敬师长,规范行为,培养好的思想品德;③勤学苦练,完成规定的学习任务,立志成才;④文明守纪,不随地吐痰,不乱抛纸屑和杂物,不乱写乱画,不在校园内骑车,不损坏绿化,不浪费粮食,不讲粗话脏话。

接下来,关于"科研兴教","章程"第三章"教育教学管理"第十二条明确,学校的主要任务是教育教学工作,其他各项工作均应以有利于教育教学工作的开展为原则。学校应按照国家或省级教育行政部门发布的课程计划、教学大纲进行教育教学工作。学校在教育教学工作中,要充分发挥学科课程、活动课程和综合课程的整体功能,对学生进行德育、智育、体育、美育和劳动教育，为学生全面发展奠定基础。学校在教育教学工作中，要努力增强学生的主体意识和主动精神，努力培养学生的创造意识和综合实践能力，使学生主动地、生动活泼地得到发展，逐步学会学习，学会关心，学会合作，学会创造。第十三条把德育工作放在首位。强化人人都应是德育工作者的意识，建立健全德育机构及工作网络，教书育人，管理育人，服务育人，使学校的德育工作有计划、有目标、有措施、有实效。第十四条坚持以教学为中心，积极进行教育教学改革，开展教学研究，不断更新教育观念，改进教学方法和考试办法，采用现代化教学手段，提高教学质量。第十六条认真搞好教学研究和教育科研工作。认真执行集体备课制度，组织教师积极参与教学改革和教育科研，坚持开展"随堂听课活动"，积极组织教科研课题研究，积极推广现代教育技术。第二十一条依照体育卫生工作条例，正常开展学校的体育和卫生工作，加强健康教育，组织学生定期开展劳动教育、艺术教育、社会实践和课外活动，促进学生身心健康发展，组织开展好艺术节、体育节工作。

"科研兴教"进一步推动了新民学校"书香校园"建设工作。我们在阅读《洲县新民学校学生读书活动计划》时发现，读书活动计划以科学发展观为指针，以创建"书香校园"为导向，目的是全面提高学生的语文素养，培养综合实践能力，激发学生课外读书的兴趣，使学生养成良好的阅读习惯，在校园内形成热爱读书的良好风气，促进学生的可持续发展。同时，读书活动计划也是为了贯彻落实《义务教育语文课程标准》中提到的"培养学生广泛的阅读兴趣，扩大阅读面，增加阅读量，提倡少做题，多读书，好读书，读好书，读整本的书"的新课程理念。

新民学校深刻认识到，读书不仅能积累语言，丰富知识，而且能陶冶情操，受益终身。学校积极响应党中央关于全民阅读的号召，营造良好的读书氛围，激发学生读书热情，活跃乡村校园文化，2019年以来一直坚持开展校园读书活动。结合教培中心的相关要求，学校精心设计积极可行的读书活动，让学生在活动中体验读书的乐趣；进一步提高了学生的思想觉悟并丰富了学生的文化底蕴，营造出了清风缕缕满校园的书香氛围。我们对读书活动计划的具体内容做了以下记录：

1. 深入宣传，营造良好氛围

学校工作计划专门做出学生读书活动的具体要求。按照活动要求，迅速在全校开展了读书活动的动员工作。在"国旗下的讲话"中提出读书倡议，校园内张贴标语，随后各班召开主题班会，出主题黑板报，精心布置教室的读书角，多渠道、深层次宣传读书、学习的重要意义。通过大力宣传营造校园文化氛围，提高了广大师生的思想认识，为深入落实读书活动奠定了坚实的基础。

2. 教师以身作则，带头读书

要想学生爱读书，教师就必须先爱读书。因此，学校结合教师继续教育学习以及洲县教师读书活动办公室相关要求，安排教师利用寒暑假的时间加强学习，至少每人读完一本教育专著，并写下自己的心得体会，完成教师读书征文，为学生树立榜样。

3. 建立保障机制

固定阅读时段。专门明确要求每周二中午为学生阅读时间，每周三早读课为学生国学经典诵读时间，引导学生能有选择地阅读自己喜爱的书籍，并且在读书中学会思考，在思考中成长，主要形式有自由阅读、阅读指导、阅读交流、阅读汇报等。

各年级认真研究课外阅读指导的规律和方法。把激发学生的阅读兴趣和培养良好的阅读习惯作为研究的重点，结合部编版教材各个学期推荐的课外读物引导学生选择适合自己年龄阶段的有益读物，从读书中获得身心的愉悦感。教师每学期至少就本册教材中的推荐书目进行一次集中交流活动，使学生从不断提高的阅读能力中获得持久稳定的阅读兴趣。

努力创造适应学生阅读要求的物质条件。学校积极充实学生读物。2021年5月31日学校艺术节庆祝活动之际，我们看到成都市关工委向学校捐赠了2万元的学习物品，其中大部分为图书。另外，从功能室的角度进一步规范学校图书室、阅览室的管理，充分利用、积极开发学校现有阅读资源，为学生创造良好阅读环境。学校图书馆、阅览室全天向学生、教师开放；班级建立图书角，学生互相交流个人图书，实现班级图书资源共享；向学生推荐优秀书、报、刊，鼓励学生积极购书读书，指导学生进行暑期网上阅读。

第三节　乡村教育政策的实施

用具备地域色彩的乡村教育政策话语来描述特定的乡村教育工作任务和政策目标，提升乡村教育政策行动的效率和效能（王佃利，王玉龙，2021）。正如本章前两节的分析，献县教科局的教育目标是"教育强县、质量名县、校园美县"，"文化兴乡村、脱贫新路子"是政策文本中的高频词汇；仁县将"立德树人"作为"乡村文化振兴"的教育支撑，在"健康村镇建设"上发力，营造"校校有活动、人人都参加"的政策话语氛围；洲县"五育并举"成为提升乡村教育话语的高频词汇，凸显"依法治校""科研兴教"的政策话语。在上述县域内乡村教育政策话语的引导下，政策行动从具体事项的快速回应，拓展至政府治理愿景的具体政策实施。

一、立德树人落地见效

（1）献县教科局落实"教育强县"目标，动态监测，巩固控辍保学的成果。落实"六长责任制"，建立控辍保学工作机制。在献县调研时，我们看到开学前后教科局集中开展了控辍保学专项行动。摸底核查，在乡镇党委政府的统一领导下，协同有关部门，落实责任区、责任人，逐村逐社逐户核清每一位适龄儿童少年的入学情况，完善更新控辍保学"三本台账"。在此基础上突出问题导向，建立失学辍学台账，严防辍学新增反弹。健全依法控辍治理机制，完善劝返复学的工作举措，采取多元化劝返手段和安置措施，确保每一名辍学学生都有专门人员包保，实行逐一劝返、逐一安置、逐个销号，实现常态化动态清零，确保所有适龄儿童少年按时接受并完成九年义务教育。同时，加强家庭困难、身体残疾、随迁子女、留守儿童、返乡儿童等特殊学生群体的关心关爱工作，强化送教上门、心理健康教育等工作措施，坚决防止"二次辍学"情况的发生。

（2）献县教科局坚持精细化管理，提升教育教学质量，助力"质量名县"。通过县、校两级联动培训，学习义务教育教材建设与落实立德树人根本任务的工作要求，教材的编写思路说明、基本体例介绍、教学指导及实施建议、教材重难点解析、学科核心素养培养、试教经验分享等。具体实施行动包括基地校跟岗学习、校本培训、结业考核。我们看到，献县西关学校进一步修改完善了教学计划，体现了素质教育要求和课改精神，符合教学实际、学生实际、学科特点及教师个人教学风格。教研组计划及备课组（集体备课）计划等各类计划做到任务明确，措施具体，操作性强。学校进一步规范课程管理，严格执行国家课程和地方课程计划，开齐课程，开足课时，上好每一堂课；严格执行学科课程标准，决不允许以师资、场地、设备不足等为借口挤占音体美、道德与法治、生命生态安全、劳动实践等课程。这些做法也是这所乡村学校坚持"质量立校、教研兴校、文化强校、和谐荣校"办学宗旨的具体落实。

献县教科局协同学校、家庭及有关方面，形成家校合力，确保学生充足睡眠时间，实施保障"三个时间"措施，保证学生必要睡眠时间，统筹安排学校作息时间和学生就寝时间。我们看到，献县西关学校把科学睡眠宣传教育纳入课程教学、教师培训内容和家校协同育人机制中,通过体育与健康课程、心理健康教育、班团队活动、科普讲座以及家长学校、家长会等多种途径,普及科学睡眠知识,广泛宣传充足睡眠对于学生健康成长的重要性,提高教师思想认识,教育学生养成良好睡眠卫生习惯,引导家长重视、做好孩子睡眠管理。献县西关学校指导家长和学生制定学生作息时间表,在保证学生睡眠时间要求前提下,结合学生个体睡眠状况、午休时间等实际,合理确定学生晚上就寝时间,促进学生自主管理、规律作息、按时就寝。做好家校合作,向家长宣传《西关学校关于执行"双减""五项管理"规定》,号召家长以身作则,引导学生健康使用电子产品,减少非学习目的电子产品使用频次和时间。

又如,献县西关学校凝聚家校合力,抵制手机侵害。学校通过家访、家长会、致家长一封信、家长开放日等形式将学校手机管理的具体要求告知学生家长,讲清楚过度使用手机的危害和加强管理的必要性。教育引导家长履行家庭教育主体责任,及时发现、制止和矫正学生沉迷网络游戏的行为,以身作则,言传身教,和学生一起制定手机使用管理家庭公约,引导学生限时、安全、理性使用手机。鼓励学生多参与乡村社区田野活动和农务劳动,健康生活。坚持以人为本,因校制宜为学生和家长提供通话条件,向家长提供联系学生的途径和措施,保障学生与家长的通话需求。通过国旗下讲话、班团队会、心理辅导等多种形式加强教育引导,让师生科学理性对待封闭式合理使用手机。通过开展绿色上网承诺等活动,教育引导乡村学生自觉践行《全国青少年网络文明公约》,树立网络责任意识和道德意识,提高学生信息素养、自我管理能力和自律自控品质。

家校协同做好《献县教育和科学技术局关于在教育系统开展师德专题教育活动的通知》也是一个优秀案例。如前所述,师德专题教育活动的评价考核,进一步规范和纯净了师德师风。师德专题教育活动的具体操作有两个方面。①完善了师德师风考核评价体系。评价指标包括思想政治、业务能力和职业道德,重点考核评价职业道德,从遵纪守法、爱岗敬业、关爱学生、教书育人、为人师表、终身学习等方面进行。实行多元化评价主体,以"自评+学生评+家长评+教师互评+学校考评组考评"等多角度、多元化的方式进行。通过意见箱、热线电话、校园开放日、家长会、家访等形式,广泛听取学生、家长、社会对师德师风建设的意见和建议,搭建学校、教师与家长、学生沟通的平台,主动接受乡村社区监督,促进学校、教师进一步规范师德师风建设,提升教师职业道德水平。②加强了师德师风考核。加强在职教师从教行为的日常管理,签订师德承诺书。开展师德风险评估,调查摸排师德风险点,尤其是在教育教学、学生管理、教师管理等方面存在的漏洞，预判可能引发的师德风险，并制定应对措施，防范风险。把师德考核摆在教师考核的首位，将师德考核结果作为教师评优、晋级、教师资格定期注册、职称评审、绩效考核、年度考核的重要内容，记入个人年度考核档案。拓展师德考核的途径和方式，注重过程管理，坚持经常性考核（每学期1次）和临时性考核相结合，坚持公开、公平、公正原则，健全教师个人、学生、家长、学校、乡村社区多方测评机制。

（3）建设"校园美县"。献县教科局突出德育实效，确保立德树人根本任务落地见效，认真贯彻落实《中小学德育工作指南》，指导乡村学校结合校情，做到"一校一案"，制定学校德育工作计划，制作德育活动时间表，持续开展"爱党爱国爱家乡教育、优秀传统文化教育、法治安全教育、防毒防艾知识宣传教育、科技创新发明教育"五进校园主题活动，抓住元旦、清明、五一、五四、六一、七一、抗战胜利纪念日、国庆等重要时间节点举行德育系列活动，开展传统美德教育、文明礼仪教育、理想信念教育、校园文化艺术节、学雷锋志愿服务、"扣好人生第一粒扣子"等专题教育活动。深化爱国主义教育，全面贯彻落实《新时代爱国主义教育实施纲要》，围绕迎接和庆祝建党100周年，开展"学党史，跟党走""开学第一课""学习新思想，做好接班人""红心向党"等主题教育，举行丰富多彩的歌咏竞赛、演讲比赛、征文展示等活动，组织学生到爱国主义教育基地接受革命传统教育，开展研学实践活动。加大创建文明校园工作力度，推动乡村学校组织开展形式多样的创建活动，开展"少年宣讲"、评比"文明学生、文明班级"等丰富多彩的乡村教育实践活动，把提升道德素养、养成良好习惯、培育爱国情怀与创建文明校园结合起来，不断加强乡村学校文化建设，大力创造良好乡村育人环境。

接下来，我们看看《献县教育和科学技术局关于在教育系统开展师德专题教育活动的通知》落地的学习讨论。讨论会上，教科局进一步匡正和涵养师德师风，进一步在学懂弄通做实上下功夫，内化于心，外化于行，学做融合养成行动自觉，用好王维舟纪念馆、宏文学校等红色资源开展学习教育，激发乡村教师学习内生动力。开展以"守教育初心，担育人使命"为主题的大讨论和职业反思活动。紧紧围绕"乡村教育是什么？乡村教师是什么？献县教育怎么办？"，组织教师结合中国国情、献县情、乡村学校校情和自身发展开展讨论。

"校园美县"建设关注乡村学生心理健康教育，护航健康成长。随着近年心理健康教育活动的有序开展，心理健康教育的重要性越来越受到学校的重视，然而如何将心理健康常识普及到每一位学生心中，仍是一道难题。为了使"整体健康"的观念深入人心，献县西关学校开展了"我爱我，给心灵一片净空"系列教育活动,面向学生普及基本心理健康和心理卫生知识,旨在通过丰富多彩的活动,促进乡村学生造就健全的人格,陶冶情操,建立自信,提高人际交往能力。

"校园美县"建设离不开家校合力。献县西关中心校举行了家长开放日活动、家长代表进校园活动,180多名家长代表参与了活动。家长代表参观了学校的教室、寝室、食堂操作间,家长和孩子们一起共进营养餐,进一步加强了家校联系,使家长全面了解了学生在校的用餐情况。西关中心校校长介绍了学校的基本情况、办学理念、育人观念以及规划等情况,指出"校园文化是一所学校物质文化和精神文化的总和,通过校园文化的浸润,会让学生由内向外地散发出独特的气质"。家长充分肯定学校管理、阅览室的开放、学生行为习惯的养成教育工作,同时就校园文化建设提出了意见和建议。在校长心中,"孩子是家长的影子,家长是孩子的最好老师,家长要重视言传身教"。家长们纷纷表示:西关中心校校风正、学风浓、学校环境好。村民也绘声绘色地给我们讲了学校努力促成家长开放日活动得以实现的种种行为,让我们大为感叹,也帮助我们了解了乡村家校合作的运转模式——"文化兴乡村、脱贫新路子"。

二、落实立德树人,政策落地转化

(1) 在仁县平地镇考察时,我们看到仁县教体局落实立德树人有效推动了仁县"乡村文化振兴、健康村镇建设"。仁县教体局开展赠送图书、报刊到农家书屋、社区书屋、职工书屋、乡镇综合文化站等乡村阅读活动。以仁县图书馆、新华文轩书店为支撑,依托农家书屋等开展流动展示和流动售书活动,让辖区群众看得到、读得到、买得到喜爱的出版物。乡村读书教育活动组结合《四川省教育系统隆重庆祝中国共产党成立100周年工作方案》要求,融入建党100周年主题,与"欢歌新时代、颂歌献给党"百场红歌大传唱活动、"大手牵小手、永远跟党走"百场文艺大联颂活动、"我们是祖国的花朵"青少年文艺展演等密切结合,引领乡村学生树立正确的历史观、民族观、国家观、文化观,践行跟党走的理想追求。新华文轩向"我的书屋·我的梦"农村少年儿童阅读实践活动中获奖的学校和学生免费赠送书籍《文明健康绿色环保生活方式手册》。

传承红色基因。仁县教体局为农家书屋配齐适合少年儿童阅读的党史学习读物,组织开展阅读一本红色图书、寻访一段家乡红色历史、讲述一个英雄故事、开展一场党史演讲等主题学习教育活动,引导少年儿童深刻理解、铭记党的光荣传统,"扣好人生第一粒扣子",让红色基因永续传承。组织开展"我当书屋小管家"活动,增强少年儿童的主人翁意识。鼓励少年儿童在农家书屋参与阅读实践活动的基础上思考创作,通过征文写作和书法、绘画、手抄报等方式,将自己心中的党史故事、先锋形象用文字、图画表达出来,厚植爱国之情,做新时代好少年。

特别是关爱乡村学生活动,依托农家书屋、儿童之家、家长学校等开展各类阅读活动和培训讲座,组织文化志愿者、幸福使者、大学生村官走进农家书屋开展阅读辅导活动,让农家书屋、儿童之家真正成为农村留守学生(儿童)的乐园。鼓励开展城市和乡村学生(儿童)阅读一本图书、分享一个故事、交流一份心得,结交一个朋友"四个一"活动和"多一点"儿童成长计划等,搭建共同进步的友谊桥梁。发挥"童伴妈妈"陪伴作用,辅导留守儿童开展课外阅读,组织留守儿童开展阅读分享和读书交流活动。通过新媒体平台、家长学校和仁县公众号,向乡村家庭推荐适合亲子阅读的绘本、童话、成语故事、经典文学作品等读物,在儿童之家、家长学校等阵地组织开展亲子阅读活动,激发广大家庭和儿童阅读兴趣,丰富乡村学生(儿童)精神文化生活。同时,依托职工书屋、社区书屋、文化驿站、家长学校,开展向农民工荐书送书活动,帮助农民工掌握实用技术、法律维权、科学家教等知识。开展主题阅读、读书分享等活动,让农民工共享职工文化发展成果,不断丰富农民工精神文化生活。

仁县教体局坚持育人为本。落实立德树人根本任务,以提高学生审美和人文素养为目标,遵循教育规律,保持美育特点和校园特色,营造向真、向善、向美、向上的校园文化氛围,杜绝展演活动功利化、娱乐化、成人化。坚持普及性、公平性、群体性,建立常态化学生全员艺术展演机制,组织开展惠及全体乡村学生的合唱、合奏、集体舞、课本剧、艺术实践工作坊等实践活动,广泛开展班级、年级、校级等群体性展示交流,努力让每个学生都参与其中、享受其中,成为展演活动的受益者。面向人人,建立常态化学生全员艺术展演机制,不断完善"校级开展普及活动—县级市级集中展演—省级集中展演"的"四阶段"推进机制。广泛开展班级、年级、校级等群体性展示交流,鼓励各地每年开展中小学生乡村艺术专项展示。

"乡村文化振兴、健康村镇建设"在仁县教体局推广学校食堂食品安全活动标识中也有具体实践。通过校园宣传栏、网络、微信公众号等媒介,大力宣传报道活动开展情况,营造食品安全"共治共建、人人参与"的浓厚氛围。在食堂现场、宣传作品、主体活动等多种场景中广泛灵活使用标识,提升师生对活动的认知度。仁县平地学校积极落实家长监管责任,通过告家长书,班级QQ群、微信群等方式,向家长宣传近期疫情防控要求和疫情防控态势,争取家长的支持和配合。做好个人、家庭卫生和饮食卫生,提倡科学佩戴口罩,勤洗手,保持安全社交距离,注意营养,适度运动,养成良好卫生习惯和健康生活方式。

仁县教体局还持续开展健康城市健康村镇建设。①扎实抓好健康城市健康村镇示范建设。建立完善健康城市健康村镇建设工作网络和工作机制,加大健康城市健康村镇建设工作督促检查、培训指导力度。牵头组织实施好"仁县2021年健康城市建设十二项行动",推进健康城市健康村镇持续发展。认真做好2017—2020年健康城市健康村镇建设工作和试点自评上报工作,梳理特色亮点,找准问题短板,为制定好下一阶段健康城市健康村镇发展规划提供科学依据。②深入开展健康细胞建设。进一步推进健康细胞建设,提升健康细胞建设质量,夯实健康城市健康村镇建设基础。新创建50个健康家庭、2个健康单位(机关)、2个健康社区(村)、2个健康学校(健康促进学校);创建1个健康乡镇;建成1个省级健康企业。

(2)形式多样的法治宣传科普活动保障乡村教育政策的落地转化。调研时,我们看到仁县教体局重点组织的活动。①"法治教育第一课"活动。采取青少年喜闻乐见的方式开展"法治教育第一课"活动,根据不同年龄阶段学生特点和接受习惯,积极开展观看法治微电影、微视频、"我讲法治小故事""法眼看世界"、法治宣传讲座、读书会等活动。②宪法学习宣传教育活动。深入开展青少年学生宪法学习宣传,以社会主义核心价值观为引领,紧密结合党史教育、爱国主义教育、国情教育、省情教育和行为养成教育,着力提升青少年学生宪法法治教育的质量和水平。积极组织开展"学宪法 讲宪法"活动,组织实施"宪法卫士"2021年行动计划。扎实推进宪法宣传教育进校园、进课堂、进头脑,把宪法内容融入乡村校园文化建设,潜移默化影响带动学生学习宪法、掌握宪法,运用宪法指导学习、生活实践。③学习宣传贯彻实施新修订的《教育法》活动。加强组织领导,开展学习宣传活动,推动师生深入领会新修订的《教育法》的重要内容,全面增强依据《教育法》保障推动乡村教育改革、破解乡村教育热点难点问题的能力。④深入开展民法典宣传活动。落实《"美好生活·民法典相伴"主题宣传工作方案》,充分发挥课堂主渠道作用,探索发掘相关课程中的民法典内容,进一步增强乡村教育的针对性和实效性。⑤常态化推进"宪法法律进乡村"活动。为乡村师生提供法治宣传和法律服务,提高乡村师生的法治意识、自我保护意识和维权意识。⑥传承弘扬"三线精神"科普活动。帮助青少年树立爱国主义思想、开拓进取和艰苦奋斗精神，帮助青少年树立远大理想。开展科普讲座，激发青少年学习科学的兴趣，播下科学的种子；演示科学实验，培养青少年科学分析的思维，享受科学的乐趣；讲好中国科学家故事和仁县英雄故事，帮助青少年传承爱国情怀，发扬科学家精神和"三线精神"。"三线精神"进而拓展为其他乡村教育活动，例如，编写了《三线建设历史与文化》《三线建设之光——英雄的三线情缘》《英雄108将》等通识教材。开展"三线文化之旅""苴却砚探秘""追寻历史足迹，传承三线精神"的社会实践、思政课主题实践活动。⑦开展健康知识普及行动。加大健康教育与健康促进工作力度。按照《攀枝花市健康知识普及专项行动实施方案（2020—2030年）》要求，利用各类宣传媒介，开展各类健康知识普及活动，围绕"讲文明、铸健康、守绿色、重环保"主题，广泛宣传文明卫生习惯，深入推广自律健康的生活方式，大力倡导绿色环保的生活理念。督促家长履行监护人职责，落实学生校外安全教育和疫情防控工作，加强体育锻炼。例如，在"仁县中小学生足球联赛"中，平地学校获得2021年"小学组男子冠军"。平地学校一直以来都非常重视艺体教育，在配备艺体专职教师的同时加强活动场地和功能室建设，并通过乡村学校少年宫平台大力开展田径、足球、篮球运动。每日课间和课外时间，师生们在运动场上尽情地挥洒汗水，收获了健康和快乐。⑧开展农业科技下乡等科普活动，举办农业科技讲座。开展健康进农家、学习型家庭建设等读书学习活动，提升家庭成员的综合素质和文明素养。推动农家书屋与"妇女之家"平台共建共享，使农家书屋、"妇女之家"平台成为家庭致富、增长智慧的重要阵地。通过向农民传授新知识、新技术、新理念，多途径培养新型职业农民，全力打造美丽宜居乡村。开展以"农家书屋·脱贫奔康"为主题的农民读书征文活动，集中反映农家书屋引导广大农民群众读书明理、脱贫致富、积极奋进以及为其思想观念、生产生活带来的积极影响和可喜变化，各乡镇推荐1篇读书心得分享，优秀作品在《文行仁县》发表。各乡村学校少年宫，按照"一宫一特色"的要求，结合学校实际，充分挖掘本土特色文化、民俗，利用学校大课间、活动课、校本课程等形式，精心设计和组织开展少年宫活动课，丰富学生课外活动，做好乡村学校少年宫的日常运转和管理工作。

学生们如数家珍地给我们讲述了艺术活动中的生动故事。学校组织了200多名学生参加省艺术人才比赛活动；组织开展了校园艺术节系列活动；编排了羊皮鼓舞课间操《彝风鼓韵》；提炼了《彝翻弦韵》和《笛脚畅想》特色大课间成果，申报参加了全国"2020活力校园创新案例评选"；精心组织了学生参加市区级田径运动会及球类比赛。

同时,我们也欣喜地看到学校抓课堂教学主阵地,教学质量不断提高。①抓教学常规工作,组织各年级组长每月检查,学校教务处每学期检查;依照教学工作计划,每周如期进行组内备课活动,并带动、号召教师都参与到听课活动当中。②开展丰富多彩的校本教研工作。以深度课堂课题为依托,开展组织好学校的赛课活动,赛课活动涵盖学校所有学科,2021年共120余人次参加。另外,组织了两次"先学后教、当堂训练"教研活动。各项课题成果初步成型。③积极鼓励引导新教师接受新的教学理念,采用新的教学模式,真正地调动学生学习的积极性,努力提高课堂效率。学校"学乐云"的使用良好,各班均用班级优化大师开展形成性评价,激发学生学习兴趣。④语文学科国学经典诵读、晨诵、书法工作有序推进,开展了富有成效的活动,国学经典诵读《我喜欢红色》,荣获市级一等奖。晨诵课题顺利结题,并申报为市级课题,书法活动小组荣获"市优秀社团"荣誉称号,2021年100余师生参加书法考级,20多人硬笔书法通过五级。⑤开好教学质量分析会议,始终树立质量意识,结合教研活动,深入教师课堂中,特别是与青年教师或新教师及时地进行交流,获取反馈。

值得关注的是,随着平地镇学校服务意识的提高,我们看到学校完善了一系列办学条件。例如,马头村教学点屋顶改造工程;白拉古教学点天花板改造及厨房屋顶防水工程;白拉古、马头村、安箐、辣子哨、大布乍、迤沙拉教学点学前班活动改造;中心校校园文化升级改造工程;"谈经古乐"活动器材和器材保管异型柜打造。同时,学校也在反思对教学点的管理不到位问题。校长认为,学校对教学点的管理是不到位的,这也可能是家长不愿让孩子在教学点就读的主要原因。但辣子哨教学点的跳绳和安箐教学点的古诗背诵非常值得大家学习。我们认为,这也是一个关于乡村优秀传统文化学习和传承的好例子。

三、促进学生全面素质和个性特长和谐发展,建特色小学

如前所述,"五育并举"成为洲县提升乡村教育政策话语的焦点,强调"依法治校""科研兴教"。新民学校在"依法治校""科研兴教"的重点领域和关键环节改革创新,我们看到以下两个方面的具体做法。一是积极参加教育共同体工作,按照要求完成相关任务。扎实开展"一师一优课,一课一名师"活动,积极参加"智慧杯"高效课堂大比武活动,争创"课改"名校,有教师入选"课改"名师。二是扎实开展"三大活动":①"大阅读"活动,开展书香

课程、书香班级、书香学校、书香家庭活动，积极探索阅读活动多学科覆盖；②"大科创"活动，积极参加"青少年科技创新大赛"活动，大力推进创客教育，争创科创教育示范学校；③"大艺体"活动，逐步配齐配强各门类艺体教师，鼓励成立各门类艺体教师联盟。

（一）学校—乡村社区的教育共同体工作

推进家校合力育人是新民学校的办学特色，学校强调家校沟通常态化、制度化、规范化。扎实开展了"四个一活动"，即家长一年至少听一次家庭教育讲座，一学期至少与孩子共读一本书，一个月至少与孩子开展一次亲子游戏，一周至少与孩子认真坦诚交流半小时。积极开发个性化家庭教育校本课程，常态化开展家访活动。加强对留守儿童、单亲家庭子女、外来务工子女等特殊群体的心理健康教育和家庭教育。

新民学校 2020 年全民终身学习活动周就是一个典型案例。新民学校于 2020 年 11 月 11 日至 11 月 17 日组织开展了"2020 年全民终身学习活动周"的活动。校长告诉我们，活动目的在于推进新民镇学习型乡镇社会建设，满足乡镇居民终身学习需求，实施好《成都市社区教育促进条例》，提升乡镇社区教育服务社区发展治理水平。以下是我们对活动开展情况的记录：

第一，组织有序，精心策划。为引导全体师生树立"推动全民终身学习，加快建设学习强市"学习理念，推动学习型社会建设工作向纵深发展，学校领导非常重视本次学习周活动，成立了活动周领导小组，制定了《新民学校 2020 年全民终身学习活动周活动方案》，保证了我校 2020 年全民终身学习活动周活动的顺利开展。

第二，加强宣传，突出主题。新民镇分管教育部门也参与到宣传发动工作中，出席了"2020 年全民终身学习活动周"启动仪式。2020 年 11 月 11 日，以"全民智学，助力双战双赢"为主题的活动周启动仪式在学校操场隆重举行。启动仪式上，新民镇分管教育的领导向全体师生和社区居民发出倡议：树立终身学习的观念，自觉地加入全民学习、终身学习的行列中，多读书，读好书，养成学习的好习惯，营造良好的学习氛围。通过开展小手拉大手学习活动，让孩子们和家长一起学习，从而带动家庭，辐射社区，在全镇掀起学习高潮。同时，对活动周相关事项做了安排部署，希望大家都积极参与到"全民终身学习活动周"活动中来，学习新知识，接受新观念，掌握新技能，在学习中品味生活，在生活中成才，从而提升观胜镇居民的文明素养，形成全民终身学习的浓厚学习氛围。部分家长代表以及乡镇社区群众一百余人参加了此次活动。

  2020 年全民终身学习活动周期间，新民学校充分利用行政会、教工例会、升旗仪式、班晨会等先后召开了活动周领导小组人员、学校教职工、学生层面的动员讲话，层层落实本次活动，学校通过小手拉大手等多种形式进行广泛宣传，扩大活动影响，多形式多渠道宣传，做到让"推动全民终身学习，加快建设学习强市"终身学习理念人人知晓，入脑入心。

  第三，以活动为载体，活动形式多样。新民学校围绕活动周"推动全民终身学习，加快建设学习强市"主题，开展了丰富多彩的学习活动，营造出健康向上的人文环境，开展扎实有效的创建活动。活动形式灵活多样，内容丰富，显著的效果受到广大师生的关注，产生了较深远的影响。学校师生走出校园，走进乡镇社区，开展送教进社区活动。学校少先队大队部在 11 月 13 日，组织大队部学生干部代表到社区发放宣传资料，向居民宣传终身学习的理念。新民学校副校长于 2020 年 11 月 16 日上午对师生开展了防新冠和秋季流感防控知识讲座，对流感的发病情况、传染源、传播途径、主要症状、易感人群、预防措施等进行讲解。通过此次健康教育宣传，教师和同学们对流感有了进一步认识，表示以后一定要勤洗手，常通风，加强锻炼，增强体质。

  围绕学校—乡村社区的教育共同体工作，新民学校注重挖掘当地乡村教育资源，助力学生全面素质和个性特长和谐发展。我们在洲县观胜镇调研期间，看到在乡村小学生学习中医药文化过程中，教师努力寻找更多激发学生学习中医药文化的有效方法，实现中医药文化传承的目标。新民学校校长带领学校老师，开展"激发乡村学生学习中医文化兴趣"[①] 的教育教学课题研究。

  首先，学校建立课题组团队。认真学习党中央、国务院以及省、市对中医药文化传承的政策，结合中医药在抗击疫情中的动态和贡献，提高对中医药文化传承紧迫感、责任感的认识，结合教育部对中小学德育、劳动实践教育、优秀传统文化传承教育等方面的要求，统一思想，认识到作为农村小学，应该积极响应中央、省、市的要求，因地制宜开展中医药文化传承教育。

  其次，做好充分准备，课题组团队成员根据各自兴趣爱好，完成所担任内容的材料采集，撰写提纲和讲义，在教学实践中丰富、完善，最终形成读本内容。确定实验年级，2020 年在四年级试点。由教导处安排课时，确保教学时间。2020 年 5 月开始，在四年级 2 班开设"一课一药"教学，在四年级劳动实践基地上开展种植中草药的活动。

---

① 《激发农村小学生学习中医文化兴趣的方法研究》方案。

再次，认真开展教学活动，不断总结激发学生学习中医药文化的方法。2020年9月开学后，在实验年级全部开设中医药文化课，由课题组实验成员根据读本安排，开展教学活动，全方位（课内教学、课外拓展、请进专家、走出访问）探索激发学生兴趣的方法，及时总结、交流，并形成阶段性成果，撰写阶段性成果报告。

在调研过程中，我们看到课题组采用了以下具体研究方法。①问卷调查法。课题组通过问卷形式，了解学生、家长对中医文化的了解程度，对开设中医知识进课堂的期许度以及实施过程中如何完成课程内容等问题。②行动研究法。课题组通过劳动课程，种植中药材，识别中药材；通过网络查询、访问名医、看中医题材影视剧，了解中医历史和故事；通过"一课一药"的实物观察，尝试激发学生对中医药文化的兴趣；通过绘画、观察日记、心得体会、讲故事等形式呈现中医药文化进课堂成果。③文献法。针对中医药知识的来源、课程选定内容、药方出处、政策依据，课题组都依据具体文献讲解，避免歪曲和以讹传讹。

同时，我们也看到课题组采取了以下具体措施。①加强课题组成员的素质建设，关注国家中医药保护与传承动态跟踪，了解国家卫生工作最新动态，不断坚定课题研究的政策信心，增强传承中医药文化的使命感和责任感。②强化学科联系，丰富学校校园文化。把在"劳动基地"上种植中药材、用药材做盆景等与劳动教育相结合；通过绘画、摄影等表现形式学习中医药文化的场景，描绘过去没有重视的中草药文化，这样就把美育教育也结合起来了；在校园的环境建设中，选择既有观赏价值又有药用价值的植物，如用金银花、何首乌做棚架绿化校园，使校园绿化物种得到优化，这样把中医药文化学习与环境教育有机融为一体，从而激发学生学习中医药文化的兴趣，拓宽其视野。③设计有深度的课外拓展作业，通过家校共育，使学生学习中医药知识不局限于课堂，具体说就是动员学生利用周末、假期，调查自己生活环境中有哪些中草药资源，了解这些中草药的用途；通过家人、邻居、亲朋好友了解与中医药有关的人物，整理并与同学进行交流。课题组将选择学生的优秀案例编入校本课程读本。④通过背诵中医入门口诀《中医十八反歌》，初步了解自然界万物相生相克的原理，初步感觉中医药文化的哲学基础。⑤开展"我是小神农"活动，激发学生认识中草药、种植中草药的兴趣；利用"我是小郎中"系列活动，加深学生对中草药药性、功效的理解；通过背诵《汤头歌》，让学生理解药物的比例在治病救人中的无穷奥妙；通过举办"我爱中医"绘画、摄影、盆景展，固化学生学习中医药文化的兴趣。⑥开展有关中医药文化电影、电视剧的（部分内容）观影活动，写观影感受，加深对中医药文化的理解，举办观影感优秀作品评选，并将优秀作品纳入成果案例集。⑦邀请名医、民间有中医药经验的中医传承人与学生见面，传授中医药文化，与学生一起开展中医药体验，如艾灸、中草药泡脚、穴位按摩等。⑧开展中医药健康知识进社区，以扩大课题影响力。⑨通过"中医探讨交流群"转发实时中医动态、政策走向，帮助学生了解中医药在卫生健康方面的作用。

我们向多位教师询问了"激发农村小学生中医药文化兴趣的策略"研究成员分工情况。例如，H老师，男，作为课题组主研、联络员，他主要负责统筹和协调课题组成员分工，"一课一药"设计与教学，"百草园"种植策划，中草药盆景制作、指导，中医进校园，成果推广，以及中医入门口诀《中医十八反歌》《汤头歌》。M老师，女，课题主研，认为家校共育是激发小学生学习中医文化兴趣的有力抓手，她负责指导学生开展自己生活环境中的中医药资源调查，组织"我是小神农""我是小郎中"活动与班级"百草园"建设。X老师，男，课题主研，负责学校"百草园"策划、设计、种植中草药实践活动，组织学生写种植和观察记录。还有几位参研教师负责"我爱中医"摄影展资料收集、遴选，中医药文化电影下载、播放；整理《西游记》中的中医药文化，语文课中渗透中医药文化研究；创设学校校园文化中的中医药文化元素，绘制校园内中草药种类和中草药分布地图，校本读本装帧、插绘设计；收集民间中医趣闻；校本教材中"古代四大名著中中医药文化探究"资料搜集与撰写；等等。

（二）扎实开展"三大活动"

"三大活动"形成了三个方案及具体实施细则以及阶段性成果展示。例如，我们记录了"大阅读"活动的具体实施情况。①开放学校阅览室。学校图书室向学生提供丰富优质的藏书。学生可以按照规定的时间到图书室借阅，或以班级为单位集体借阅，图书也可开架借阅，供学生自由选择，进行自主性阅读。②设立班级图书角。以学生捐赠为主，加上由学校统一给各班借阅的图书，语文老师可以从学校图书室为学生借阅新书，提高图书的流通率。每班一橱，并在使用过程中不断更新、交换、补充，每个班相当于都有一个"小小图书室"。③布置美化书香校园。学校加强校园阅读氛围的创设，精心布置美化校园，使校园也具有"书香气"。在校园内开辟馨香廊，张贴有关读书的名人名言；在校园鱼池处开辟出具有观胜特色的"昭忠园"和"草房子"读书亭，让学生浸润在书香中。各班将"小学生课外阅读推荐书目"中的书籍作为晨读教材，通过"读一读，赛一赛，讲一讲"等方式，加强晨读晨背，熟读背诵加以积累，为学生的成长打好底色。④抓好读书活动。学校强调"读书"两字，关键在于"读"，书的价值也在"读"中体现，指导学生学会读书是学校的目标所在。

接下来，我们再看看学校是如何抓好读书活动。①上好阅读课。充分用好早读和阅读课，在校本课程中教会学生阅读的方法，像如何查工具书，如何提问，如何圈点评注等，帮助学生学会阅读，提高阅读效率。采用教师、家长、学生三方联系的形式，形成大阅读氛围。②做好读书笔记。中、高年级学生读书笔记，语文老师予以检查、指导、评估，学校不定期开展读书笔记评比活动。在教给学生读书笔记方法（摘录式、提问式、心得体会式）的基础上，培养学生"不动笔墨不读书"的良好习惯。③抓好经典诵读。中华民族源远流长、博大精深的传统文化给子孙后代留下了宝贵的精神遗产，其中那些积淀着智慧的结晶、映射着理性光辉的经典著作，那些浓缩着丰富情感、蕴涵着优美意象的诗词曲赋，就像灿烂的星河，熠熠生辉。这些古诗文经典，在治学修身、陶冶性灵、引导价值判断、提升审美品位以及培养语文能力等方面所具有的功能和作用，是怎么估价也不过分的。④出好读书小报。每个班级的学生在教师或家长的帮助下，收集有关报刊小资料、格言和读书的心得体会等，各班将学生的这些资料集中整理，分类编辑，每学期出两期读书手抄报，学校定期评比展示。⑤引入竞争机制。根据学校的读书活动进展情况，学校开展了评"书香班级""书香学生"等活动。学校还将读书活动列入班级考核方案，期终组织评比并颁奖，也激发了全体师生读书的积极性。

第四节 乡村教育政策的执行效果

一系列对乡村教育法律保障与政策支持正在对乡村教育发展产生着积极影响。我们看到献县的教育目标是"教育强县、质量名县、校园美县"，"文化兴乡村、脱贫新路子"是政策文本中的高频词汇，立德树人根本任务落地见效；仁县将"立德树人"作为"乡村文化振兴"的教育支撑，在"健康村镇建设"上发力，营造"校校有活动、人人都参加"的政策话语氛围，落实立德树人、政策落地转化；洲县"五育并举"成为提升乡村教育话语的高频词汇，凸显"依法治校""科研兴教"的政策话语，促进学生全面素质和个性特长和谐发展，建设特色小学。这些积极影响突出表现在三所乡村学校教育政策的实施效果上（见表3-6）。

表 3-6 三所乡村学校教育政策主要实施效果总结

学校	目标	重点教育政策话语及实施	主要实施效果
献县西关学校	教育强县、质量名县、校园美县	文化兴乡村、脱贫新路子、落实立德树人根本任务	构建和谐校园文化 社团活动丰富，科技创新活动小组成效显著 心理健康系列教育活动营造校园心理健康教育氛围
仁县平地学校	乡村文化振兴、健康村镇建设	校校有活动、人人都参加、落实立德树人、政策落地转化	引领时代潮流的"非遗传承名校" 丰富乡村文化，助力脱贫攻坚 特色艺体教育创新见成效
洲县新民学校	"五育并举"、提升乡村教育质量	依法治校、科研兴教，促进学生全面素质和个性特长和谐发展、建设特色小学	陶冶学生高尚情操的花园 全民终身学习活动周效果显著 家校合力育人的成果与价值

一、和谐校园文化

献县西关学校紧紧围绕"教育强县、质量名县、校园美县"的教育目标，持续开展"文化兴乡村"行动，扎实开展"和谐校园文化"活动，推进立德树人根本任务落地见效。

（一）丰富多彩的社团活动，科技创新活动小组成效显著

2020 年，在献县第 37 届青少年科技创新大赛、第十一届青少年科技创新县长奖、第五届青少年青苗奖育苗奖评选中，选送的七个参赛项目获一等奖两项、二等奖两项、三等奖三项。在市级青少年科技创新大赛中，选送的三个参赛项目，两项获一等奖，一项获三等奖。在四川省中小学信息技术创新与实践大赛中，选送的两个参赛项目分别获一等奖、三等奖，先后有八名学生、五名指导教师获得奖励（如图 3-1 所示）。我们欣喜地看到科技创新活动小组不仅激发了乡村孩子热爱科学、积极思考、探究创新的兴趣，还为学校其他社团活动树立了争先创优的榜样，"和谐校园文化"活动有成效。

图 3-1　献县西关学校参加四川省中小学信息技术创新与实践大赛

又如,"大课间活动的训练"。在调研时,我们看到献县西关学校利用室外体育活动场地,根据各年级实际情况,以年级组为单位,训练特色项目《巴人舞》(如图 3-2 所示),整个活动流程环环相扣,组织有序。学校积极响应教育部政策号召,推行中小学生每天锻炼一小时的"阳光体育运动",增强了学生体质,丰富了校园文化生活,同时提高了学生体育锻炼的积极性与兴趣。正如校长在接受市级人民政府新闻办采访时提到,学校推行了"大课间活动的训练",此类活动不但锻炼了学生的身体,还培养了学生的竞争意识、合作精神和坚定的毅力,促进了学生身心的全面发展,学校会坚定不移地向学生多元化、特色化发展,为培养更多符合当下社会要求的合格的、优秀的中小学生而不懈努力。学校"大课间活动的训练"活动不仅能提高乡村孩子身体素质,更能培养乡村孩子的自信心以及对美好生活的憧憬之情。

图 3-2　献县西关学校"大课间活动的训练"《巴人舞》

（二）开展心理健康系列教育活动，营造校园心理健康教育氛围

献县西关学校正面宣传，营造氛围，充分利用主题班会的形式，讲述心理卫生的重要性，普及心理健康知识，进一步营造校园心理健康教育氛围（如图3-3所示）。2021年12月，达州日报社报道西关学校召开班主任经验交流工作会。会上，初中部班主任××老师表示，班主任老师要学会关爱每一个学生，要深入到学生的生活和学习中去，尤其要做到"眼到、嘴到、腿到"。小学部班主任崔丽老师从自己班上的学生案例出发，给大家分享了她的班主任工作经验。学校校长指出，在当前"双减"政策下，班主任更应该落实自己的责任和担当，加强对学生良好学习和生活习惯的培养，努力做到让学生"减时不减质""减量不减质"，遵循学生成长发展规律，注重心理健康教育。心理健康系列教育活动，能够帮助乡村孩子走出心理误区，减少内心的矛盾，学会处理、改善人际关系，更好地适应现代生活、学习的节奏，让乡村孩子进一步融入校园学习、生活中，构建和谐校园。

图3-3　献县西关学校校园心理健康教育

二、引领时代潮流的"非遗传承名校"

仁县平地学校在"立德树人"支撑"乡村文化振兴"的教育指引下，积极响应"校校有活动、人人都参加"，落实立德树人根本任务，实现乡村教育政策落地转化，创办引领时代潮流的"非遗传承名校"。学校自2018年9月成为

"乡村学校振兴联盟"成员以来，在文化建设、艺术教育、特色办学、课堂改革等方面都有了一定的提升。

（一）丰富乡村文化，助力脱贫攻坚

仁县平地学校与市属实验学校结对发展，教师们向市优秀教师拜师学艺、获取资源。"绘本教学""群文阅读"也走进了乡村小学，孩子们读书兴趣得以激发，阅读的习惯正在形成。每次开展活动，新华文轩都会派出代表全程参与，多次捐赠书籍。资助活动的开展，为学校营造书香校园打下了坚实的基础。学校积极回应教体局"乡村文化振兴、健康村镇建设"突出群众参与的倡议，着力营造乡村阅读氛围，培养乡村群众自主阅读习惯，结合本地实际和特色优势，创新阅读活动形式，精心策划开展了一批具有本地特色的乡村阅读活动。活动现场，我们看到乡村群众乐于参与、便于参与。我们当时真的被这些村民感动了。为不断提升乡村群众文化素养，仁县教体局和平地学校总结提炼经验和做法，发掘活动中涌现的先进典型和事例，积极探索"农民读书月"活动长效机制，推动全民阅读深入乡村，让"农民读书月"活动在丰富乡村文化，助力"决胜全面小康、决战脱贫攻坚"中发挥明显成效。

（二）特色艺体教育创新见成效

仁县平地学校特色艺体教育创新成果展示（如图3-4～图3-6所示），为学校打开了一扇向全省优秀教育改革学校学习交流的窗口。学校以课题研究为抓手，不断提高教师的课改能力。晨诵和音乐两项区级课题顺利结题，幼儿园"区角"课题作为省级子课题完成结题检测。"先学后教"市级专项课题和音乐课题的阶段研究成果参加了省级展示推广活动。音乐微课课题获批立项为省级民族地区教育专项课题。区级课题"'先学后教，当堂训练'模式中小学英语导入方式研究"分别根据相应课题研究，同时呈现了14节展示课。安建芬老师为一年级的孩子们带来了音乐课《小青蛙》。安老师引导学生如何唱，如何使用小乐器响板和木鱼，在教学过程中加入了创编小游戏，让孩子们在掌握乐理知识的同时，也能放松身心。课堂将角色扮演作为结尾，氛围达到了高潮，培养了学生的自信心和表达能力。纳永泽老师为三年级的孩子带来了音乐课《小小音乐家》。纳老师从葫芦丝吹奏技巧、情绪演绎等方面激发了学生对器乐艺术学习和演奏的热情，促进了学生对器乐演奏所需音乐基础知识和基本技能的掌握和运用，培养和提高了学生对器乐艺术的理解和演奏水平。晏菊老师为二年级的孩子们带来美术课《大嘴怪》。在愉快的实践过程中，学生感受吹塑

纸版画的趣味性和特殊性,好奇心被激发,情感获得充分释放,个性思维得到挖掘,获得了丰富的创作和审美体验。

爱在迤沙拉

$1=\flat E \quad \frac{4}{4}$
$\quad \rfloor=63$

(5·5 6 1 1· 6 1 | 2· 2 1 6 5 6 - | 5·5 6 1 1· 6 1 | 2· 2 1 6 5 5 - |

3 5 5 3 5 3 5 5 3 1 | 3 5 5 3 5 1 5 3 5 1 2 1 1) ‖: 5 6 1 2 3 5 - | 5·6 5 3 2 - |
　　　　　　　　　　　　　　　　　　　　　　　　　　川 滇 路 哟　迎 来 依 哟
　　　　　　　　　　　　　　　　　　　　　　　　　　山 坡 羊 哟　枫 叶 黄 哟

3 2 3 5·6 1 6 5 | 2 2 2 3 2 1 6 5 - | 2·3 5 6 5 0 3 | 6 6 6 5 1 5 3 |
古 道 热 肠 敬 天 地 古 道 热 肠 敬 天 地　一 江 水　哟　把 万 里 相 关 牵 连
谈 经 古 乐 暖 心 肠 谈 经 古 乐 暖 心 肠　一 声 唱　哟　把 世 俗 礼 仪 传 扬

2·3 5 6 6 0 3 | 6 6 6 5 1 5 2 - | 3 5 3 5 1 2 3 2 3 5 | 1·2 3 5 6·6 5 3 |
一 条 路 哟　把 千 年 故 事 传 说　阿 里 阿 里 哟 阿 里 阿 里 哟 一 条 路 把 千 年 故 事
一 方 人 哟　把 里 颇 血 脉 珍 藏　阿 里 阿 里 哟 阿 里 阿 里 哟 一 方 人 把 里 颇 血 脉

2 0 1 6 1· (2 3 | 5 1 2 3 5 5 3 1) | 1 1 1 1 1 5 3 3 3 1 1 | 1 1 1 5 1 5 5 5 5 3 3 |
传　　说　　　　　　　　　　　　　　(男)爱 在 什 么 地 方　爱 在 迤 沙 拉　爱 在 什 么 地 方 爱 在 迤 沙 拉
珍　　藏　　　　　　　　　　　　　　(男)爱 在 什 么 地 方　爱 在 迤 沙 拉　爱 在 什 么 地 方 爱 在 迤 沙 拉

1 1 1 1 1 5 3 3 3 1 1 | 1 1 1 5 1 5 5 5 5 3 3 | 1 1 1 2 3 6 5 - | 6 6 6 3 1 6 2 - |
(女)爱 在 什 么 地 方 爱 在 迤 沙 拉　爱 在 什 么 地 方 爱 在 迤 沙 拉 (合)金 沙 江 水 流 不 尽　高 山 遍 地 永 不 忘
(女)爱 在 什 么 地 方 爱 在 迤 沙 拉　爱 在 什 么 地 方 爱 在 迤 沙 拉 (合)情 水 情 事 好 难 了　里 颇 人 家 万 年 长

5·5 6 1 6 1 0 6 1 | 6 5 6 1 6 6 - | 5·5 6 1 6 1 0 6 1 | 2· 2 1 6 5 5 - |
爱 在 迤 沙 拉　我 们 美 丽 的 家 园　　爱 在 迤 沙 拉　我 们 美 丽 的 家 园
爱 在 迤 沙 拉　我 们 美 丽 的 家 园　　爱 在 迤 沙 拉　我 们 美 丽 的 家 园

5 1 5 3 3 2 3 5 6 5 2 3 1 - (3 5 5 3 5 3 5 5 3 1 | 3 5 5 3 5 1 5 3 5 1 2 1 1) :‖
爱 在 迤 沙 拉 我 们 美 丽 的 家 园
爱 在 迤 沙 拉 我 们 美 丽 的 家 园

　　　　　　　　　　　　 rit.
5 1 5 3 3 | 2·3 5 6 1 2 | 2 1 ∨ 1 - - - ‖
爱 在 迤 沙 拉 我 们 美 丽 的 家　　园

图 3-4　民谣-爱在迤沙拉

图 3-5　民乐特色活动社团，观看各社团的节目展示

图 3-6　非遗经典——"谈经古乐"合奏《方山谣》

为庆祝中国共产党成立 100 周年，传承红色基因，激发学生爱国爱党之情，仁县平地学校少先队在辅导员老师的指导下，在学校的操场上，开展了"童心共绘庆百年"主题绘画活动。活动共由 100 名来自各年级各班的少先队员参加，4 位少先队员为一组共同完成 25 幅绘画作品，最后 25 幅绘画作品合成一幅长 1.9、宽 1.3 米的作品（如图 3-7 所示），向中国共产党成立 100 周年献礼。在 25 幅作品组成的图画中，少先队员们用精美的笔画绘制了科技进

步的荣光、森林草原防灭火的决心、战胜疫情的斗志、生态文明的建设、幸福美好的生活等场景,以此来表达学党史、感党恩、跟党走的美好情感。

图 3-7 "童心共绘庆百年"主题绘画

值得一提的是,体育教育方面获得新突破。仁县平地镇中心幼儿园将足球、篮球技能与体能训练相组合,让幼儿对球类运动产生了浓厚的兴趣。2021年 5 月,幼儿园的足球小将们参加了"四川省第四届幼儿体育大会",荣获足球嘉年华团体游戏二等奖、五人趣味活动三等奖。在 2021 年四川省第四届幼儿体育大会中获得幼儿篮球 10 人运球接力游戏三等奖、篮球基本功展示操二等奖。学生参加仁县中小学足球联赛获小学男子组第一名,在国家级青少年体育俱乐部篮球比赛中获得小学男子组第三名。

艺术展演成为学校非遗传承新亮点。器乐《红星照我去战斗》、舞蹈《乐鼓欢歌》、俚濮彝绣工作坊、羊皮鼓舞美育创新案例 4 个项目,在市级第十五届中小学生艺术展演活动中均荣获一等奖。161 名学生在四川省艺术人才比赛中获奖。结合省非遗文化羊皮鼓舞创编的第 4 套民族课间操《彝风鼓韵》在全校推广运用,受到师生的热烈欢迎,得到社会各界高度点赞,一度成为大家口中"别人学校的课间操",迅速走红网络,登上了《今日头条》《凤凰资讯》《新华社四川频道》《四川观察》等媒体平台热搜榜。《彝风鼓韵》还受邀到成都参加了全省创新型师生艺体节目展演活动,并登上教育部《传承的力量》特别节目,进行学校体育艺术教育弘扬中华优秀传统文化成果展示。2021 年 4 月份,俚濮彝绣工作坊亮相,不仅以文创产品的身份在仁县"知时节巧市"展演活动中登场,还将作为市里唯一推选到省上参赛的优秀美术项目参加四川省第十届中小学生艺术展演。

通过开展上述丰富多彩的活动,学校各项工作成效显著。学校先后荣获市级"德育工作先进单位"、市级中小学生社团工作"先进学校"、市级"第一届文明校园"荣誉。学校在中小学校（幼儿园）综合督导评估中荣获"特等奖"，已连续7年荣获仁县办学绩效评估考核"特等奖"。按照《四川省教育厅关于申报遴选体育、美育类示范（特色）学校的通知》要求，教育厅组织专家开展了2019年四川省体育、美育类示范（特色）学校的复核确认工作。经复核确认，平地学校"谈经古乐"社团被评为"四川省优秀学生艺术团"。学校先后获得"四川省民族团结进步示范校""全国活动力校园""最佳课外体育活动案例奖""全国足球特色幼儿园"等荣誉，成功申报了"教育部2020年民族教育优秀教学成果"，入选四川省"一校一案"德育典型案例，整编"俚濮民俗文化系列校本教材"，还参加了四川省中华文化优秀校本课程读本评选推广活动，学校特色育人案例在"四川省首届立德树人优秀实践创新案例评选"中荣获省级一等奖。2021年，学校荣获"中华优秀传统文化传承学校"的美誉。2021年5月14日，"四川省陶行知研究会成立40周年庆典暨全省创新型师生艺体节目展演"在成都举行，仁县平地学校羊皮鼓舞课间操《乐鼓欢歌》的表演组受邀参加了本次展演活动。

三、陶冶学生高尚情操的花园

随着学校—乡村社区的教育共同体工作和"三大活动"的扎实开展，洲县新民学校践行"五育并举""依法治校""科研兴教"，打造"陶冶学生高尚情操的花园"，建设特色小学初见成效。

（一）全民终身学习活动周效果显著

洲县新民学校2020年组织扎染项目，在全民终身学习活动周启动仪式上进行了展示，社区居民在项目的体验中获得了成就感；开展"小手拉大手"同阅读共成长活动，与家长一起完成一本书的阅读，并写简短的读后感与同学、朋友分享，学校在洲县小学2019—2020学年读书活动总结评比中荣获二等奖；开展经典朗诵活动，为促进教师队伍的专业发展，进一步打造书香校园，学校于11月12日下午，举行了教师经典朗诵活动；开展了动画编程学习活动，并进行了小型的制作竞赛，增强了学生的编程意识，进行了空竹的教学和比赛，学生在洲县第四届"中国人寿杯"校（园）线上空竹比赛中获小学组团体一等奖；进行了绘画学习活动。以上活动如图3-8～图3-11所示。

第三章　新时代乡村教育的县域探索

图3-8　教师经典朗诵活动

图3-9　动画编程学习活动

83

图 3-10 绘画学习活动

图 3-11 空竹的教学和比赛

  接下来,让我们具体看看洲县新民学校读书活动的效果。学校利用班级展示栏、黑板报、手抄报,以及在楼梯墙壁上贴挂经典名著的情况简介等,营造良好的课外阅读氛围;同时积极开展评选"读书之星"、举办"阅读知识竞赛"等活动;举办班级读书会,充分利用好语文课堂主阵地,适当布置有关读书的名言、方法等，渲染读书的气氛。这些活动由语文教师主导，内容有演讲交流、古诗诵读、课文故事演说、名言名句赏析等。交流会上，同学们畅所欲言，气氛活跃。他们谈到了开展活动以来阅读的收获，并向大家推荐怎样选择好书，怎样选择适合自己阅读的好书；怎样合理利用课余时间有序读书；并介绍了自己在家庭中带动父母阅读的实际行动。通过这些交流会，同学们互取所长，学到了更多读书知识和方法，加深了爱书、用书的思想认识，同时又促进了同学间读书竞赛活动意识的自觉形成；学校在指导学生大量阅读的基础上，认真组织了"记录发展，书香洲县——2019年洲县第三届青少年书信征文活动"等。全校同学热情高涨，参与面广，文章质量高，涌现出一大批喜爱写作的小明星，极大地丰富了校园生活，也激发了学生学习语文的热情。

读书活动初步培养了学生良好的阅读习惯，提升了学生修养，促进了和谐校园文化建设。校风、学风进一步转变，在学生中形成了爱读书、读好书的浓厚氛围。学生的阅读能力有了很大的提高，写作能力、口语交际能力得到极大改善，学生的思想得到了净化，形成了积极向上的学风、班风、校风。与书相伴的人生，一定有质量，有生机；书香飘溢的校园，一定有内涵，有发展。读书活动的开展，对每个学生的健康成长产生了深远的意义。新民学校提出，今后要在全校进一步深入开展读书学习活动，倡导读书明理、读书求知、读书成才的新风尚。

（二）家校合力育人的成果与价值

洲县新民学校积极完善农村寄宿制学校"家委会"工作，健全校、年级、班级三级家委会，明确、规范三级家委会的职责与各项规章制度。完善农村寄宿制学校"家长学校"制度，推动"家长课堂"的建立与实施，形成系统性、持续性教育活动，促进农村寄宿制学校家校共育，促进教师、学生、家长的成长与学校的发展。家校共育的一系列主题教育活动，促进了亲子沟通与交流，提升了家校共育的实效，促进了学校的发展。"五育并举"，促进学生全面发展。

1. 亲子互动，家校共育

在疫情背景下，学校以主题活动为抓手，通过多种形式的主题活动的开展，提升家庭和学校应对突发公共事件的能力。主题活动共分为三大版块——爱国·感恩系列、卫生·心理系列、学习·实践系列。家校共育主题活动强调学校与家庭的双向互动，鼓励寄宿制学校的学生家长参与活动，或者是爸爸妈妈亲自来到学校，与学校共同完成乡村孩子渴望又温暖的事情。

2. 加强宣传，固化成果

主题活动按不同的时间节点进行推送，比如爱国·感恩系列活动中"致敬英雄，我想对您说"，引导家长和学生向在疫情期间辛苦付出的逆行者们致敬，感谢他们在此次疫情中的辛苦付出和默默奉献，通过语言和文字的形式表达对最美逆行者的祝福与尊敬。卫生·心理系列活动中"如何与孩子沟通"，从专家的角度分析现状，提出建议，指导家长正确认识问题，努力营造和谐的亲子关系。学习·实践系列活动中开展了"播种希望 共同成长"的植树节活动，在活动中号召以家庭为单位开展丰富多彩的植树节活动，孩子们通过种树、浇水、做护树小报、制作护树宣传牌等形式，和爸爸妈妈一起劳动，用双手为生活添加绿色，在春天播种希望。

值得一提的是，洲县新民学校对"家校共育"的内涵进行了重新思考与审视。孩子和家长被隔离在家，"家校共育"育什么？怎么育？这是摆在乡村学校面前的最严峻的问题。学校希望通过"家校共育"的制度建设、家长课堂以及主题活动等，引导家长在家监督、指导孩子的言行、学习与活动，提升孩子的学习自主性、生活自律性；引导家长与孩子正确进行亲子沟通与交流；将疫情的发生作为生活的教科书，提升乡村孩子对勇敢、奉献等品格的认知与学习。教师们的反思进一步完善了农村寄宿制学校家委会工作，完善了家长学校的制度建设，推动了家长课堂的建立与实施，形成了系统性、持续性的活动。同时依托主题教育活动，促进了亲子沟通与交流，提升了乡村家校共育的实效，搭建起新型乡村学校发展平台。

第四章 乡村教育的时代性实践

我们首先梳理了国内外乡村教育研究的现状和问题,这为本书提供了有益启示。话语是乡村教育政策过程的重要特征,因此,我们将话语作为政策分析的重要内容。考察具体的乡村教育政策文件有助于理解、把握政策制定的逻辑和轨迹,有助于为未来的乡村教育政策制定提供参考。接着,我们对《宪法》、《义务教育法》、全国教育科学规划会议政策、脱贫攻坚和乡村振兴战略文本中有关乡村教育部分以及相应的县域地方政府制定的政策文件进行了梳理和分析,探究"乡村教育政策话语的生成过程"。我国乡村教育政策的制定和乡村教育模式的实施充分地体现了与《宪法》的高度一致性。在第三部分"新时代乡村教育的县域探索"中,我们选取四川省献县、仁县、洲县县域内三个乡村学校社区——献县西关学校、仁县平地学校、洲县新民学校,深入实地进行了田野考察,借鉴话语理论,统合乡村教育政策行为者、政策议程、政策行动、政策产品四个层次的事实和因素,探讨政策行为者对乡村教育振兴的态度与政策宣传、政策的文本形式和内容、政策的实施和执行效果。以四川这三个乡村学校作窗口,综合运用各种方法,我们想去观察中国乡村教育各方面的基本情况。

本章我们展望通向美丽乡村的教育之路。关注乡村教育的政策路径、运作过程以及乡村教育实践的价值追求和发展方向,同时关照"国家和地方—乡村—学校—个体"之间的关系,并提出针对性的政策建议。这个讨论从以下三个方面展开:①乡村教育的政策路径;②乡村教育政策的运作过程;③新时代乡村教育实践的价值追求和发展方向。

第一节 乡村教育的政策路径

国家和地方政府制定了政策法规，为乡村教育的推行提供了法律和政策上的保障。《宪法》、《义务教育法》、全国教育科学规划会议文件等国家政策对乡村教育政策是如何影响的呢？要回答这个问题，我们认为首先需要理清楚乡村教育的政策路径。

一、乡村教育政策与《宪法》和《义务教育法》的高度一致性

在乡村教育政策研究中，要以"美美与共"的思维方式去理解乡村教育政策生成和发展的内在逻辑，通过政策话语定性分析来揭示乡村教育政策的历史演变特点。我国乡村教育政策及其发展从调整期、推进期、改革期到优化期，从有步骤实行义务教育、大力推进义务教育、推进城乡义务教育均衡发展到全面推进义务教育，教育政策目标始终坚守人本主义，从关注薄弱乡村学校建设到重视教育质量、教育公平、乡村振兴。用拉克劳和墨菲的话来说，话语的逻辑就是"话语形态特有的连贯性"。脱贫攻坚与乡村振兴的有效衔接为乡村教育提供了政策引领，创设了基本条件，奠定了发展基础，给乡村教育带来了重大发展机遇和挑战。

我国乡村教育政策的制定和实施充分地体现了与《宪法》和《义务教育法》的高度一致性。从改革开放后《义务教育法》的颁布和修订、全国教育科学规划会议形成的相关政策来看，国家政策体系中有关乡村教育的政策都与同时期《宪法》和《义务教育法》规定的内容密切相关，都是对《宪法》和《义务教育法》的贯彻落实。例如，在调整期，《中共中央国务院关于普及小学教育若干问题的决定》（1980）、《中共中央关于教育体制改革的决定》（1985）等多个文件都把普及义务教育作为重要的教育任务，提出"有步骤地实行九年制义务教育"的方针。尤其是1986年《义务教育法》的颁布，以法律的形式确立国家实行九年义务制教育，开创了中国义务教育实行地方负责、分级管理的新纪元（高小立，李欢欢，2019）。依据不同乡村地区的经济文化状况，采取"三步走"，分别于1990年、1995年和2000年前后实现普及九年制义务教育的目标。到20世纪末，乡村义务教育普及取得举世瞩目的巨大成就，实现了

党的十四大所提出的基本普及九年义务教育的目标。统计表明，2000年全国普及九年义务教育的地区人口覆盖率达到85%，"普九"验收的县（市、区）总数达到2541个（含其他县级行政区划单位156个），小学适龄儿童入学率达到99.1%，初中阶段毛入学率达到88.6%。在改革期（2002—2014年），新农村建设，着眼于继续促进乡村地区教育的发展。随着"新机制"的实施，西部地区农村与东部发达地区以及西部地区大中城市义务教育的各项发展指标正在逐步缩小。据国家教育发展研究中心统计，2002—2008年，全国中小学教育发展水平有了明显提高，小学入学率、巩固率和升学率分别增加了0.96、0.71和2.70个百分点；初中入学率和升学率分别增加了8.5和25.1个百分点（国家教育发展研究中心）。截至2010年年底，全国2856个县（市、区）全部实现"两基"，全国"两基"人口覆盖率达到100%。到2010年，小学学龄儿童净入学率达到99.7%，比2000年提高了0.6个百分点；初中阶段毛入学率100.1%，比2000年提高了11.5个百分点。这意味着国家"普九"攻坚工作顺利完成，义务教育实现了全面普及。进入优化期，也是城乡教育一体化阶段，义务教育普及与巩固水平得到进一步提高。《2019年全国教育事业发展统计公报》显示，2019年，小学学龄儿童净入学率达99.94%，全国初中阶段毛入学率达102.6%，全国九年义务教育巩固率达94.8%。上述指标的变化，主要得益于西部地区和中部地区乡村教育的增量贡献，这也充分反映出我国城乡之间、东西部义务教育均衡发展差距正在逐步缩小（司晓宏，杨令平，2010）。

二、国家政策中乡村教育的系统性

国家政策体系中的乡村教育政策话语属于宏观层面即国家层面，或称战略层面，该层面的乡村教育政策研究包括多渠道筹措乡村学校办学经费，地方负责、分级管理，搞好薄弱初中建设，改善农村中小学办学条件，促进城乡义务教育均衡发展，建立义务教育保障新机制，建设高质量乡村教育体系等。教育相关法律文本无论是政策名称还是政策目标表述都体现出以人为本。《乡村振兴战略规划（2018—2022年）》《关于加强新时代队伍建设的意见》将人本价值目标进一步扩展为"产业兴旺、生态宜居、乡风文明、治理有效、生活富裕"，并提出"发挥乡村教师新乡贤示范引领作用，塑造新时代文明乡风，促进乡村文化振兴"。根据拉克劳和穆菲（Laclau, Mouffe, 2001）话语理论的政治逻辑，将"乡村教师"和"乡村振兴"写入政策名称，强调乡村教师是在乡村空间内的教师，意味着他们依托乡村学校开展教育活动，人本化思想更加凸显。国家相关政策名称中虽然没有"乡村教育"一词，但其文本内容均含有乡村教育相关条款，在其具体历史背景下，为乡村教育发展提供系统支持。例如，对乡村教育经费投入的不断加大，呈逐年增长的态势。"十三五"期间，中央财政累计安排教育补助经费达7495亿元，年均增长5.97%，其中用于农村地区的资金占比一直保持在90.00%左右。2016年，全国农村普通小学生均一般公共财政预算教育事业费支出为9246.00元，比上年增长7.80%；全国农村普通小学生均一般公共财政预算公用经费支出为2402.18元，比上年增长6.99%；全国农村普通初中生均一般公共预算教育事业费支出为12477.35元，比上年增长9.94%；全国农村普通初中生均一般公共预算公用经费支出为3257.19元，比上年增长5.28%。2017年，全国农村普通小学生均一般公共预算教育事业费支出为9768.57元，比上年增长5.65%；全国农村普通小学生均一般公共预算公用经费支出为2495.84元，比上年增长3.90%；全国农村普通初中生均一般公共预算教育事业费支出为13447.08元，比上年增长7.77%；全国农村普通初中生均一般公共预算公用经费支出为3406.72元，比上年增长4.59%。不同历史阶段乡村教育政策话语使用者的社会认知影响乡村社会结构的历史演进逻辑，强化乡村教育话语体系的结构性特征。

地方政策中的乡村教育政策话语属于微观层面，特指地方、行业或学校等方面的政策研究，譬如教学质量、德育工作、控辍保学、乡村教师队伍建设、乡村教材建设、推普脱贫攻坚行动计划、语言景观等。地方政策中的乡村教育政策逻辑因素包括乡村社会生活的各个方面，即乡村社会文化因素，包括物质文明和精神文明的程度、经济、政治制度、历史文化、生态、语言、情景、认知等。这就构成了乡村教育政策话语的相关语境因素。不同地区有不同的语境。地方政策中有关乡村教育的政策规定分布在不同的条例之中。县域条例对乡村教育政策都做了具体规定，规定了所在地区乡村教育的政策，不仅体现了不同县域不同政策，而且体现了同一县域内部也有不同的乡村教育政策。

不同时期的不同话语反映了不同的教育思想，从而导致不同的教育实践。每一个新词汇的出现都深刻反映了由于社会转型、知识观、教育价值取向的转变所带来的办学理念、结构与功能、学校与外部关系变化等多方位的变革，生动地反映了不同时期的学校形象，映射着教育各个领域和各个层面的变革（张灵芝，2010），也引发了我们对乡村教育理念、乡村教育政策的运作过程以及乡村教育实践的价值追求和发展方向等的深刻的反思。

第二节 乡村教育政策的运作过程

统合政策行为者、政策议程、政策行动、政策产品四个层次的事实和因素，我们探索了四川省献县西关学校、仁县平地学校、洲县新民学校社区日常生活实践中的具体教育话语实践。学校的政策制定是一套复杂的解释和翻译过程，四川省三个案例县域内的政策行为者通过这些过程参与制定政策文件并构建政策回应。在政策运作过程中，树立乡村教育振兴意识，制定科学乡村教育规划，创新乡村教育政策实施路径，扩大乡村教育政策实施效力。本节共四部分：树立乡村教育振兴意识、制定科学乡村教育规划、创新乡村教育政策实施路径、扩大乡村教育政策实施效力。每一部分都以献县、仁县、洲县的成功案例作为讨论乡村教育政策运作过程的支撑材料。

一、树立乡村教育振兴意识

政府和教育行政部门治理教育的方式是制定教育政策文本并执行政策，因此教育政策研究常偏重于从政策运行组织的角度出发研究政策文本。在笔者看来，乡村教育政策是具体的人的活动过程。乡村教育涉及多方利益主体，如前所述，政策行为者，包括政策参与者、利益相关者，而各方力量的参与状况及其关系格局形成治理组织结构。国家及地方的政策颁布之后，乡镇干部会对政策特征进行识别。首先是对中央颁布的总体政策的目标、内容、执行时间等政策特征进行识别。在对总体政策特征进行识别后，乡镇干部会积极寻求省市县三级主管部门对政策的规划、执行方案的具体解释及相关配套政策信息，同时争取上级政府的资金与支持，对总体政策特征和省市县政策特征解读的识别是乡镇干部行动的前提。教育政策的决策主体和执行主体对教育政策价值选择认可并遵从是必然的。

案例中，献县教科局、仁县教体局、洲县教育局的管理者及工作人员，献县西关学校、仁县平地学校、洲县新民学校的校长、管理人员、教职员工、学生、家长及当地村民，他们代表国家或政府赋予乡村教育政策政治理想和价值原则并努力推动其合法化，反映出较强的乡村教育振兴意识。

（一）明确"教育强县、质量名县、校园美县"目标，落实责任

献县教科局的管理者及工作人员明确"教育强县、质量名县、校园美县"的目标，突出乡村学校的工作重点，落实责任，覆盖全体乡村教师。开展的乡村教育工作活动有计划安排，有形式创新，有学时要求，有时间节点，有督促检查，有效果总结。以献县教科局开展师德专题教育活动为例，围绕"教育强县、质量名县、校园美县"的教育目标，献县教科局坚持"师德师风助力教育振兴"的理念，重视统筹推进，将师德建设放在乡村学校教师队伍建设的首位，将师德专题教育活动纳入2021年学校工作重点，结合实际制定了专题教育方案，严格按时推进。同时，我们也看到师德专题教育活动与党史学习教育、教育"三乱"专项整治、教职工暑期政治学习、校本培训进行了有机结合。各教育督导室还对乡村学校师德专题教育开展情况和成效进行督促检查。又如，献县教科局在开展"法律进学校"活动工作前，首先就是提高思想认识，充分认识到"法律进学校"活动的重要意义，把各项活动作为"八五"普法规划开局的重要内容，作为加强乡村青少年学生思想道德建设的重要任务，精心谋划部署，做好组织工作，推动各项活动开展。

献县西关学校管理者秉持文化兴乡村、脱贫新路子的理念，学校处理问题的方式与方法一致，有助于学校内的人际关系发展和学校工作的有效推动。在师德专题教育活动中，学校管理者明确目标，成立了以校长为组长的师德师风建设领导小组，明确责任。与教师签订师德承诺书，把师德师风建设责任落实到每一位教师。同时，学校强化宣传有力推进。我们看到，学校通过校报校刊、校园网络、橱窗板报、微信公众号、学习强国等校内外媒体平台，广泛宣传和及时报道学校师德专题教育开展情况和实效。值得一提的是，教科局和乡村学校加强联动，精心组织，形成合力，献县教科局加强资源和人员保障，为学校活动开展提供了必要的经费保障。献县西关学校管理者落实具体责任，做好系列活动相关工作，推动活动有效开展。又如，献县教科局和献县西关学校在手机管理工作上认识统一到位，联动发力。献县教科局完善了规章制度，落实手机管理工作责任。献县西关学校快速响应，成立手机管理工作领导小组，明确责任分工，将手机管理纳入学校常规管理工作，完善制度并建立长效机制，在广泛征求家长意见的基础上，制定了符合乡村学校工作实际的手机管理办法，形成学校主要领导亲自抓，分管领导具体抓，中层领导层层抓，德育处（政教主任）、班主任、学科教师天天抓的良好工作格局。

（二）"立德树人"理念作为"乡村文化振兴"的教育支撑

仁县教体局坚持"立德树人"理念，推进"乡村文化振兴"建设，旨在促进乡村学校教育振兴乡村意识的提高、乡村教师的特色发展和学生的个性化发展。新时期，仁县教体局充分认识到"立德树人"支撑"乡村文化振兴"的重要意义，为仁县各项教育工作提供了方向指引和根本遵循。仁县教体局把思想和行动统一到乡村文化振兴，推动乡村文化振兴各项部署要求在仁县落实见效。我们看到，仁县教体局各科室部门注重学用结合，丰富学习形式，采取"坝坝课"、流动党课、农民夜校等多种形式，加强乡村党员干部的学习培训。领导干部带头深入乡村、机关、学校、社区等基层一线，宣传解读乡村文化振兴的丰富内涵、精神实质和实践要求，仁县教体局领导深入分管领域进行宣讲，乡镇党政主要负责同志带头宣讲，督促指导抓好落实。宣讲过程注重对象化、分众化、互动化，统筹开展形式多样的网上网下宣讲活动，充分发挥融媒体中心等基层宣传文化阵地作用。在营造乡村社会氛围方面，积极宣传近年来仁县乡村文化振兴取得的变化和成就，展示仁县美丽乡村形象，吸引更多乡村年轻人积极主动参与乡村文化振兴。

乡村文化振兴的意识引领仁县平地学校"艺术教育特色"的办学定位。我们看到，一方面，学校加强领导，落实责任。以开展艺术教育活动为契机，开展好迎接中国共产党成立100周年的庆祝活动。学校强化组织领导，研究制定和细化实施方案，组织专门力量，确定专人负责，落实具体工作，取得实效。另一方面，学校加大宣传，扩大影响。营造浓厚的艺术教育活动氛围，对活动开展情况及时宣传报道，并将活动开展简报、图片及时报送到仁县教体局。乡村教育振兴的意识引领着平地学校特色办学工作，特别是学校非遗课间操"羊皮鼓舞"，书法、彝绣、古筝、琵琶、二胡等兴趣小组，学校器乐队表演的俚濮谈经古乐等。2020年12月，学校校长在"太阳星公益行动"乡村学校校长研修活动上，从"乡村学校艺术特色创建"出发，为19个市州近50名乡村学校校长做了"专家引领谋发展，特色办学树品牌"专题发言。校长的交流发言涵盖了开展特色活动、改革大课间操、搭建展示平台、抓实校本教研、发挥辐射作用等方面的具体工作，从谈经古乐、羊皮鼓舞的传承到教研科研成果，学校在"科研兴校、艺体强校、质量立校"的发展战略指导下，让师生一起唱起家乡的歌，跳起家乡的舞，奏起家乡的乐器，一步步成长为科学文化的学习者、优秀文化的传承者。参与研修活动的学者们非常认可平地学校以地方"非遗传承"为艺术教育特色的定位，肯定了学校结合当地文化，挖掘本土文化资源、发展师生潜力的做法。专家们点赞平地学校校园心理健康活动植根本土，激活本土文化，引领非遗传承，认为学校的羊皮鼓舞、谈经古乐等一系列活动给乡村孩子带来了鼓舞、力量和归属感。

校长介绍说，四川省，以及仁县各级调研组对学校民族文化进校园工作给予了充分的肯定，学校依托当地丰厚的民族文化底蕴，致力于学校特色文化品牌的创建。希望学校进一步结合当地民俗文化，深化教育改革，做好非遗文化传承工作。加强学校校本课程建设，让农村的孩子多学习，多锻炼，多展示，增强民族自信心。调研组的充分肯定，更加坚定了学校民族文化传承的决心。学校将继续奋力前行，不断开辟非遗传承新途径，让非遗走进乡村学生学习生活，融入学生家庭、乡村社区，激发乡村社会传承发展中华优秀传统文化的文化自信和文化自觉。同时，学校坚持"乡村文化振兴"的观念，继续致力于乡村振兴，让文化先行，继续以弘扬传统文化为己任，执行好国家的惠民政策，认真帮扶困难乡村群众。

（三）家校共育、提升乡村教育质量

在洲县，乡村教育政策随着实践推进，家校共育、家校之治愈发明显，教育机构、乡村学校、专业组织、家长和乡村社会等多元主体逐步参与到乡村教育中来，而且参与主体之间的关系在宏观调控、合作等方面不断完善。新民学校拓展家校共育新平台的意识强烈。学校专门成立课题组开展行动研究，探究新冠肺炎疫情背景下，农村寄宿制学校的家校共育。课题组清晰地认识到，面对新冠肺炎疫情，农村寄宿制学校面临停课状态，为了让疫情期间的教育教学持续、有效开展，无论是学科教学还是德育都需要家校共育。为了能给家校共育提供灵活的机制应对，学校采用线上线下双结合的形式实现家校联动，制定各类应急方案，科学预判，积极应对；依托主题教育活动，加强亲子沟通，拓展家校共育的新平台。

一是点面结合，关爱留守。2021年3月和4月，学校开展了两次携手送关爱活动，走访和慰问部分留守儿童和因疫情影响生活困难的乡村孩子及家庭，分别为他们送去牛奶、鸡蛋、口罩等物资，关心了解孩子们学习情况。同时开展个案追踪活动，通过电话、走访等形式对9名留守儿童进行个案追踪，重点关注这些孩子在疫情期间的身体、心理和学习状况。从学校调查中发现，孩子们的父母由于疫情的原因，没有外出打工，只是在附近工作，陪伴孩子的时间相对多了一些，孩子们非常高兴。二是健全机制，家校联动。学校成立班级、年级、校级三级家委会，并制定了家委会工作制度。各班选出班级家委会成员（每班 5 名），再由年级选出家委会成员（每班 2 名），最后选出校级家委会（共 10 名），并对家委会成员进行培训，明确家委会的职责，为进一步推动家校共育打下基础。三是科学预判，积极应对。新冠肺炎疫情发生以后，学校制定了《新冠肺炎疫情线上教学调查问卷》（教师用）（家庭用），从教师和家长（学生）两个方面充分了解线上教学的现状与存在的问题，其中参与教师有 40 人（占学校教师总人数的 100%），参与学生有 400 人（占学校学生总人数的 95%）。从问卷结果来分析，教师们普遍认可学校的工作安排，根据安排认真准备并开展线上教学工作；家长们也认可班级教师在线上教学中的工作，表示愿意配合学校和教师的安排，认真监督孩子开展学习、锻炼等活动。正如第三章的分析，学校反思改进，促进了乡村家校共育长远发展，形成了家校共育的三大主题活动——爱国·感恩系列、卫生·心理系列、学习·实践系列。

以往，研究者主要根据调查或依据经验对某一政策或整个教育政策执行，从政策目标、政策资源到执行人员能力、执行评估和问责等方面进行政策失真的原因分析和排查，从而得出相应的政策建议，试图直接服务于教育政策的再制定（刘惠，2018）。这种以政策为中心的单向度教育政策执行研究，是面向教育政策制定者和研究者的教育政策执行研究，实践中教育政策执行者的主体地位并未受到应有重视（刘惠，2018）。

但是，在四川省的三个案例中，我们都欣喜地看到县域内的管理者及工作人员，乡村学校的校长、管理人员、教职员工、学生、家长，以及当地村民，出于自己的社会良知和乡村教育振兴意识，反复强调教育振兴乡村工作的重要性，宣传乡村教育振兴政策，积极融入乡村振兴建设，建好管理规范、队伍稳定、活动有效、社会认可的家长学校和家长委员会。同时，做好社区教育和村民道德教育工作。乡村社会及家庭教育向内容序列化、形式多元化、活动多样化发展，形成了学校、家庭、乡村社会"三位一体"的教育话语体系。

二、制定科学乡村教育规划

我们在现实的乡村教育政策领域中，应用话语方法来对乡村教育政策规划过程进行考察研究。政策规划过程中的议程设置涉及多个环节（问题界定、政策形成、执行、评估或整体性的政策变迁等）。政策议程设置旨在实现不同角色和谐共存，化解冲突与走向协作是必然趋势，尤其是在乡村振兴和脱贫攻坚背景下，更需要建立责任协作的多层次协商合作（孙峰，马旭飞，2020）。这种政策议程设置的多层次协商合作机制包括四个层面：一是目标层，建立科学的目标管理体系,使不同议程参与者形成思想共识;二是信任层,建立并维护议程参与者的信任关系;三是文化层,整合不同文化,增强其互动的规范性,实现对文化差异的有效管理;四是知识层,通过相互学习增加知识共享,形成对议程协作的正确理解和默契行动(孙峰,马旭飞,2020)。

县域内城乡教育一体化激发了多层次协商合作、责任协作的活力。以往,"以县为主"体制的实施,在某些乡村地区,出现乡镇政府没有压力也没有责任感的情况。为此,有些地区通过"一事一议"的政策议程来解决乡村小康社会建设中教育发展的问题,将村民对乡村教育的要求和对乡村教育的支持付诸实施(袁桂林,2004)。乡镇政府是国家的一级政权机构。乡村教育政府办,乡镇是有责任的。乡镇要保证义务教育的实施,按照法定程序开展教育集资,改善办学条件,提高教师待遇,及时排除危房,维护乡村学校正常秩序,做好学校新建、扩建、改建、迁建所需用地等工作。村民委员会作为村民自治组织,有权根据群众意愿办好各种公益事业包括乡村教育。我们在四川省献县、仁县、洲县看到多层次协商合作、责任协作的政策议程制定了科学乡村教育规划。通过激发多层次协商合作、责任协作的活力,乡村教育规划既肯定了乡村教育多权力中心,又体现出乡村教育治理主体权责匹配的特点,实现了以乡村教育为中心的治理主体的动态调整。

(一)"三方责任"协作

献县教科局规划的教育目标是"教育强县、质量名县、校园美县",凸显"文化兴乡村、脱贫新路子"的政策话语,明确"三方责任",即学校、教师、家长,立德树人根本任务落地见效,构建和谐校园文化。

以加强科学睡眠宣传教育为例。献县教科局明确学校、教师、家长"三方责任",开展科学睡眠教育规划,以实际行动促进学校的和谐健康发展。从校方来说,学校要做好睡眠管理的组织者。各学校要高度重视,从思想和行动上提升学生睡眠管理实效。一是不断完善课程内容和课程结构,拓展综合性、实践性、互动性课程,让学生学习张弛有度。二是学校要通过体育与健康课程、心理健康教育、班团队活动、家长学校、家长会等途径大力普及科学睡眠知识,引导家长、学生重视科学睡眠,强化家校协作。从教师方面来看,教师要做好睡眠管理的指导者。教师要树立科学的育人观,将学生身心健康成长放在首位;关注学生上课精神状态,对睡眠不足的,要及时提醒学生并及时与家长沟通;指导学生合理规划居家时间,坚持劳逸结合、适度锻炼;指导家长创造温馨舒适的生活就寝环境,确保学生身心放松、按时安静就寝。对家长来说,家长要做好睡眠管理的协同者。家长要正确认识到孩子的个体发展情况，要以身作则，坚持做到不熬夜，睡觉前不玩电子产品等，为孩子做好榜样示范。

在"三方责任"协作构建和谐校园文化工作中，学校方面还有督导管理的责任。西关学校严格落实献县教科局关于构建和谐校园文化工作的相关规定，并结合实际，制定工作的具体办法，强化宣传，指导家长和学生了解和谐校园文化建设相关政策。例如上文提到的科学睡眠宣传教育，倡导健康生活。西关学校加强作业管理、学生课业负担管理等工作，保证学生充足的睡眠时间。献县教科局将学生睡眠管理工作纳入学生体质健康监测和办学质量评价，同时设立举报电话，畅通家长反映问题和意见的渠道，以实际行动促进学校的和谐健康发展。

（二）完善工作机制，整合相关资源

仁县的乡村教育规划将"立德树人"作为"乡村文化振兴"的教育支撑，在"健康村镇建设"上发力，营造"校校有活动、人人都参加"的政策话语氛围，强调完善工作机制，整合相关资源，落实立德树人、政策落地转化，打造引领时代潮流的"非遗传承名校"。

我们来看看仁县教体局怎样完善工作机制，整合相关资源，确定仁县乡村学校展演活动的方案议程。仁县教体局根据《四川省第十届中小学生艺术展演活动方案》的指导思想，从教体局、乡村学校、社会力量、上级部门四个层面规划仁县乡村学校展演活动方案。一是教体局层面，加强组织领导，将展演活动纳入年度工作计划，落实活动经费，按照展演活动要求制定活动方案和安全预案，提升活动实效。坚持客观、公平、公正、公开的原则，严肃评选工作纪律，及时公示、公布评选结果，自觉接受监督，保证展演活动的严肃性、公正性。二是各乡村学校层面，教体局引导乡村学校抓住艺术展演活动的契机，营造格调高雅、富有美感、充满朝气的乡村学校文化环境，坚持勤俭节约和量力而行的原则。鼓励有条件的乡村学校每年开展学生艺术专项展示，每3年组织举办1次学生综合性艺术展演。三是社会力量的加入，加强宣传，及时总结经验，发挥示范引领作用。运用报刊、广播、电视、网络以及微博、微信等平台载体，广泛宣传报道展演活动的特色和亮点，提高学校美育以美育人、以文化人的社会影响力。四是与上级部门的共同联办，支持和鼓励乡村学校积极申请与上级教育部门共同主办现场展演活动。

(三) 家校共育规划，建特色小学

洲县"五育并举"的相关政策凸显"依法治校""科研兴教"提升乡村教育的话语，促进学生全面素质和个性特长和谐发展，打造陶冶学生高尚情操的花园。家校共育规划，形成了"我与乡村孩子共成长课程规划"（见表4-1和表4-2），助力乡村特色学校建设。家校合力课程规划的目标是家校合力，培养更自信的乡村娃。"尊重欣赏、亲子沟通、情绪管理、学习方法、学习习惯"是家校合力课程规划的五个版块。"健康生活、学会学习、参与乡村社会"是德育课程规划的三大主题，重点培养"主动、有序、专注、守时、友善、尊重、感恩、热情、守信、责任、明辨、怜悯"的品格。

表4-1 我与乡村孩子共成长——家校合力课程规划

总目标	家校合力，培养更自信的乡村娃				
分段目标	（一）学会亲子沟通，营造良好的家庭氛围			（二）引导孩子寻找适合自己的学习方法，培养学习自信心	
模块	模块一：学会尊重、欣赏孩子，掌握沟通技巧	模块二：明确亲子界限	模块三：学会情绪管理	模块四：帮助孩子找到适合自己的学习方法	模块五：监督孩子养成良好的学习习惯
主题	讲座：与孩子沟通的密码	亲子沙龙：有界限，更懂爱	活动：帮孩子做情绪的主人	亲子沙龙：会学，乐学之道	活动：好习惯，贵坚持
内容呈现	1. 学会欣赏孩子：写出孩子的10个优点，分享分析 2. 尊重接纳进入青春期的孩子 3. 学会倾听，积极回应，双向沟通 4. 合理地表达不满或愤怒 5. 问出孩子心中的秘密	1. 亲子明确界限的重要性 2. 探讨家长应遵守的亲子界限 3. 探讨孩子应遵守的界限 4. 学习亲子守护界限的方法	1. 案例分析，懂得情绪管理的重要性 2. 学习情绪管理的方法 3. 角色扮演，活动体验，分享探讨如何解决亲子情绪失控 4. 引导孩子做情绪的主人	1. 教师分享不同学科的特点及介绍学习方法 2. 亲子分享不同的学习方法 3. 亲子讨论，找出最适合孩子的不同学科的学习方法 4. 指导孩子制定（或优化）学科学习计划，监督孩子坚持执行	家长监督孩子学科学习打卡计划的执行 1. 指导孩子制定学科学习目标和学习计划 2. 坚持正面引导，落实奖惩 3. 亲子沙龙：坚持学科学习好习惯的家庭故事分享 4. 每月评"学习进步之星"（重学科进步，学习习惯坚持）

表 4-2 我与孩子共成长——德育课程规划

主题	一级目标	二级目标	品格培养	课程开展建议
健康生活	适应新环境，开启新生活	1. 了解学校发展历史、校园环境、校园生活和文化制度 2. 了解同学、老师 3. 学会与老师、同学相处 4. 学会融入班集体，培养主人翁意识	主动、尊重、友善、真诚、热情、宽容、勤劳、责任	1. 熟悉校园环境、生活，了解学校文化制度。班会课上谈谈自己对学校的总体认识 2. 熟悉班级同学和老师。谈谈对他们的认识和感受 3. 你最好的朋友和最喜欢的老师是什么样的？你在新的班级将和老师同学如何相处？ 4. 如果你和老师或者同学发生了误会或者矛盾（举例子），你会如何处理？ 5. 作为班级一员，你会为这个新班级建设贡献哪些力量？
学会学习	适应学习生活，养成良好的学习习惯	1. 了解学科及其特点、学习方法 2. 制订自己的学科计划和目标 3. 养成良好的学习习惯，注重德智体美劳全面发展	主动、专注、有序、守时、勤奋、坚持	1. 熟悉开设的课程，查阅各个学科的特点和学习方法。以小组为单位在班级分享、讨论。班主任收集各科任课老师的学习方法、建议并做总结 2. 制订自己的学科计划（包括学习方法）和学习目标 3. 查阅资料，了解良好的学习习惯有哪些，在班级做分享讨论。（强调专注有序融入预习、课堂、复习、作业中） 4. 在日常生活中注重专注有序的训练和坚持（查看专注有序的培养内容和方法）
参与乡村社会	养成文明礼仪，遵守公共道德；做遵纪守法的好公民；培养家国情怀	1. 学习并践行在学校应遵守的文明礼仪和行为规范 2. 学习并践行在家里应遵守的文明礼仪和行为规范 3. 学习并践行在村里应遵守的文明礼仪和行为规范 4. 了解与学生相关的法律常识，增强法纪意识 5. 认识不同职业对家庭和乡村社会、国家的贡献。树立人生理想，做出初步职业规划	主动、有序、专注、守时、友善、尊重、感恩、热情、守信、责任、明辨、怜悯	1. 学习了解中学生应遵守的文明礼仪和行为规范（中小学生礼仪常规），对标找出自己需要改进提高的内容 2. 分类（在学校，在家里，在社会）梳理个人礼仪提高单。并做成电子表格，自己打印，用专门文件夹保存 3. 有意识地提高自己的文明礼仪和社会公德意识，由同学、自己、家长和老师作评价。半学期做一次个人书面总结报告（学生过程性成长档案）养成良好的乡村文明礼仪和乡村社会公德 4. 查阅资料，了解与学生相关的法律常识。聚焦校园欺凌、禁毒、网络安全等 5. 思考并分享自己的人生理想，谈谈自己的职业规划

三、创新乡村教育政策实施路径

话语是政策实施路径的表达,不同的话语建构背后反映出不同的政策实施行动逻辑(谭翀,严强,2014)。话语建构同政策行动内在地紧密结合起来(王佃利,王玉龙,2021)。话语引导下的政策行动,因其典型性、普遍性,得到了广泛的关注。改革开放以来,中国经济社会快速发展的因素之一就在于地方政府的积极作为(王佃利,王玉龙,2021)。乡村教育政策话语正从一种治理话语,逐渐升级为塑造政府组织行动的完整"话语体系"。四川省献县、仁县、洲县的乡村教育话语对治理议题、治理要素和治理层级所进行的系统性话语建构方式表明,作为一种通过话语建构塑造认同、实现动员、引领行动的治理手段,乡村教育话语治理效能的发挥,在很大程度上依赖于一套系统、完整的治理话语体系建构和行动机制设计(王佃利,王玉龙,2021)。

乡村教育不是某个人或某个群体的事情,而是与乡村所有公民相关的事情。乡村教育更加具有公共性。分析乡村教育相关政策可以发现,乡村教育政策重视公共治理,在参与主体、治理结构和运行机制等方面彰显出公共治理理念。教育政策运行机制是引导和约束教育政策执行主体行动的实施原则、方法和手段的总和,决定着教育政策执行的效果。献县、仁县、洲县在乡村教育政策上遵循制度逻辑,根据乡村教育发展需求和现实条件做出与时俱进的调整。以稳定性与继承性的制度为依托,不断扩充和完善运行机制,逐步形成了集操作性强、实施机制与评估机制于一体的制度环境,为规避随意性的行为提供了保障。由此,我们发现乡村教育政策实施过程中政策价值目标的实现需有两个基本条件:一是政策手段与政策目标的同一,即选择最恰当、最合理的政策手段作为实现政策目标的中介和工具;二是对政策实施过程进行价值监控,即对政策价值目标在政策过程中的状态进行全过程评价。

(一)多渠道、多形式、多手段创新督查考核

献县教科局立足乡村教育工作特点,多渠道、多形式、多手段创新督查考核的方式和手段。一是执行乡村教育教学工作专项考核评价制度。献县教科局根据《中共中央 国务院印发〈关于深化教育教学改革全面提高义务教育质量的意见〉》精神,进一步完善了乡村教育教学工作考核评价体系,建立健全教育教学质量管控机制,分别对乡村幼儿园、小学下达教育教学工作目标任务,对照目标任务进行全面、客观、公正的量化考核。通过考核,对教育教学质量

有重大提升的乡村学校、乡村教师进行表彰奖励；对当年没能完成目标任务的学校实行"亮牌惩处"，取消学校当年教育工作综合目标考核等。对教育教学工作连续两年受到通报批评处理的学校校长采取组织措施，并对其余成员作相应处理。对工作不在状态，在教学质量抽测中未达到相应考核要求的教师责令其利用寒暑假到献县教科局参加"回笼培训"。

二是坚持实行教学质量抽测制度。献县教科局坚持分别在乡村小学随机抽取一个年级，在应开课程中随机抽取几门学科进行教学质量检测，教学质量抽测将更加注重年级、学科的全面性、代表性，并将抽测情况在全县中小学通报，同时将抽测情况通报抄送各乡镇人民政府，接受社会监督。在调研时，我们也看到西关学校把提高教育教学质量作为学校的核心任务，树立向过程要质量的理念，探索建立责任明晰、领导有力、运转有序、保障到位的教育教学常规督促检查工作机制，形成一级抓一级、一级向一级交账的覆盖工作环节的责任体系。学校在抓教学过程管理落实上下功夫，从备课、上课、作业布置与批改等细节入手，从管住今天做起，强化教学过程各环节质量监管，努力做到有安排必有落实，有落实必有检查，有检查必有反馈，有反馈必有整改。学校抓教学过程管理的做法，也是对献县教科局教学质量抽测制度的积极回应，让每一堂课的教学目标落地生根，让每一位学生在每一堂课上都有获得感、成就感。

三是坚持教育教学常规视导检查制度。献县教科局每月将通过随机抽号的方式，组织专项工作组深入乡村学校，进行学校常规视导检查，全方位地为学校管理"把脉问诊"，有针对性地提出改进和发展策略。以西关学校安全教育为例，教科局结合乡村教情、汛情等特点，进一步强化乡村安全教育，引导家长正确履行监护职责，联动职能部门和基层党委政府。特别是暑期防溺水工作。暑期是乡村孩子假日溺亡事故的高发时段，献县教科局充分发挥教育、学校、家长、部门、村社的社会联动功能，协同发力，齐抓共管。西关学校通过微信、QQ家长群、微信公众号，有线电视宣传等多种途径和形式，进一步增强学生和家长的安全意识、责任意识，引导家长切实履行监护责任，构建和谐校园文化。

（二）行业联动，创新宣传和实践活动

仁县落实"校校有活动、人人都参加"的政策落地转化，将"立德树人"作为"乡村文化振兴"的教育支撑，在"健康村镇建设"上发力，通过行业联动，创新宣传和实践活动。

例如，仁县教体局开展第 24 届全国推广普通话宣传周活动的创新实施路径。首先是高度重视，提高思想认识。仁县教体局和各乡村学校形成"高站位、全覆盖、广动员、深合作"的大语言文字工作格局，自觉将语言文字工作融入仁县经济社会发展各项事业，通过形式多样的宣传和实践活动，引领群众不断增强自觉规范使用国家通用语言文字和自觉传承弘扬中华优秀传统文化的意识，树立高度的文化自觉和文化自信。结合"百年征程传薪火，红色经典润乡土"系列活动、语言文化品牌活动案例、"推普助力乡村振兴"和"文化科技卫生'三下乡'"社会实践志愿服务活动，吸引更多群众参与并感受语言文字的魅力，提升宣传集聚效应。接下来紧扣主题，做好推普宣传活动。2021年，仁县结合党史学习教育、庆祝中国共产党成立 100 周年"永远跟党走"群众性主题宣传教育活动等，广泛、深入开展形式多样、内容丰富、特色鲜明的推广普及国家通用语言文字和传承弘扬中华优秀语言文化相关活动，深入学习领会贯彻落实习近平总书记等中央领导同志关于做好推广普及国家通用语言文字工作的重要指示精神，落实全国、全省语言文字会议决策部署，推进实施国家通用语言文字普及提升工程和推普助力乡村振兴计划，营造乡村社区学习使用国家通用语言文字的良好氛围。

尤其是行业联动，提升了推普活动的综合成效。学校、机关、新闻媒体、公共服务行业等重点领域，结合推普活动周主题和各行业特点，开展各具特色的宣传活动，将语言文字工作融入经济社会建设、精神文明建设等工作中，发挥语言文字的浸润、助力作用。正如第一章所述，仁县被国家民委命名为第八批全国民族团结进步示范区示范单位，行业联动提升推普活动为仁县内各民族交往、交流、交融架设了沟通桥梁，为实施乡村振兴战略提供了语言相通的良好条件，为铸牢中华民族共同体意识奠定了坚实基础。由此，平地学校将推普周宣传工作与语言文字日常工作结合，以推普活动周为契机，开展普通话水平测试、经典诵写讲活动、推普乡村行等，提升推普精准度与实效性，使推普活动常态化。教体局创新方式，提高宣传活动实效。充分发挥现代信息技术作用，以主流媒体、新媒体、公共场所为主要宣传阵地，加大国家通用语言文字的推广力度，在乡村社区开展系列媒体宣传活动，不断丰富宣传手段，鼓励创作形式新颖、内容多元的推普宣传资源，提升推普助力乡村振兴的宣传效果。

接下来我们看看仁县教体局乡村艺术展演活动坚持原则、注重创新的做法。教体局坚持乡村艺术展演活动的真实性原则。因地制宜，从乡村实际出发，充分体现新时代要求和乡村需求。坚持乡村艺术展演活动的创新性原则。教体局以体制机制创新为突破口，为推进乡村美育改革发展进行了积极探索。

坚持乡村艺术展演活动的实效性原则。教体局对乡村美育改革发展具有明显的推进作用，取得积极、良好的效果，得到广泛关注和认可。坚持乡村艺术展演活动的典型性原则。活动要具有一定的代表性，对其他乡村和乡村学校具有借鉴意义和应用价值。为此，教体局在坚持原则基础上实施了一系列创新做法。我们看到仁县教体局网上网下相结合、继承创新相结合，利用网络新媒体等青少年喜闻乐见的载体平台，创新形式，丰富内容，行业联动，确保了各项活动更便于乡村学生参与。

仁县教体局在"传承三线精神，弘扬科学家精神"系列活动中，构建了科普宣传进学校的创新机制。一是利用科普周、社科活动月，到乡村学校开展党史知识、社科普及知识宣传；二是纳入乡村教育计划，让三线精神和科学家精神等社科知识有机渗透到有关课程的教学活动之中。加强对"传承三线精神，弘扬科学家精神"系列活动的研究与指导，形成了一批乡村课堂教学案例、思想道德教育菜单、团队活动范例、有深度的乡村教育研究课题和三线文化科普读物，以此推动乡村学校课程改革。同时，通过在乡村师生中开展科普知识讲座，到三线博物馆等社科普及基地、中共党史教育基地开展教育实践活动等方式，形成了具有仁县特色的社科普及乡村活动品牌。

我们看到仁县教体局在开展推普宣传周活动、艺术展演活动以及"传承三线精神，弘扬科学家精神"系列活动中的创新政策实施路径、政策话语逻辑指导行为。乡村教育政策执行者对教育的态度积极，乡村教育政策议程目标明确，带来了行动的发生。这里的行动主要是指县域内教育主管部门和乡村学校社区自身的实践。例如，上述教体局科普宣传进学校的创新做法，正是基于对培养乡村新人重要意义的充分认识。乡村青少年的价值取向决定未来整个乡村社会的价值取向，关系到乡村社会事业的方方面面。通过行业联动，创新乡村教育宣传和实践是一种需要继续强化的历史使命，是一种需要深入推进的政策行动。

仁县乡村读书教育活动也是行业联动、长效发展的典型案例。仁县县委宣传部、教体局，以开展青少年爱国主义读书教育活动为契机，强化组织领导，研究制定和细化了实施方案，组织专门力量，确定专人负责，落实具体工作，务求取得实效。在活动中，仁县加强宣传，广泛引导，加大活动宣传力度，丰富线上线下宣传形式，注重运用"学习强国"学习平台、县级融媒体中心、微博、微信公众号等新媒体平台开展宣传，为活动营造良好氛围。广泛动员出版发行单位和相关社会组织积极参与，在服务基层、服务群众中履行社会责任。各级各类新闻媒体对活动开展情况进行深入宣传报道，积极挖掘和总结在活动中涌现出来的优秀人物和典型事例,营造浓厚的舆论氛围。仁县新闻出版管理部门推动了农家书屋与乡村学校图书馆共建共享,丰富了阅读实践活动内容,组织优秀作品征集推荐。新华文轩的社会宣传及活动用书保障,助力仁县深入推进乡村青少年"百年光辉历程 全面建成小康"爱国主义读书教育活动和乡村阅读活动。仁县教体局制订了读书教育活动计划,做好读书活动的指导和辅导工作,动员学生积极参与,确保了活动取得实效。平地学校学生参与活动率达90%以上。仁县乡村读书教育活动案例告诉我们,各相关部门和行业重视联动、精心组织、分工协作、密切配合,才能共同推进乡村教育活动的广泛开展。

(三)家校共育的行动路径

洲县倡导"依法治校""科研兴教"的政策行动,促进学生全面素质和个性特长和谐发展,建设特色小学。新民学校通过家校共育的行动,打造陶冶学生高尚情操的花园,并且建立乡村教育政策实施经验交流的研究平台。新冠肺炎疫情背景下,新民学校开展乡村寄宿制学校家校共育的行动研究,探索构建教育政策行动一体化体系的具体路径。新民学校校长领衔教师团队,开展乡村寄宿制学校家校共育的行动研究。以下是我们对家校共育行动过程的观察记录。

课题组召开第一次全体会议。经过课题组全体成员讨论,最终确定以"新冠疫情背景下,农村寄宿制学校家校共育的行动研究"为学校研究的课题。目的是探索构建教育政策行动一体化体系的具体路径。在确定题目后,对课题的第一阶段研究进行了分工:问题的建立、针对问题所需要的措施和方法、整理归纳前期的研究成果、实施后的预期成果。

课题组召开第二次全体会议。根据第一次会议的分工任务,各小组在会议上汇报了分工准备材料的情况。课题组负责人根据课题要求,提出以下应完成的任务:成立三级家委会、初步拟定家长学校名单、授课形式、内容和方案、研究课题需要开展的主题活动、新冠肺炎疫情下让家长更好地配合学校督促学生在家学习的措施。会议还对下一阶段的工作提出了具体的分工。校长负责整体规划和研究方向的把控,Z主任负责课题研究的方案和具体实施步骤,L副校长负责整理第一阶段的工作并形成报告材料,C副校长负责整理第二阶段的工作并形成报告材料,X副校长、H副校长负责课题结题报告,Y副校长、Y老师负责收集整理过程资料,Z老师负责研究日志的整理和会议记录。经过讨论,本次会议还对以后的研究提出思考问题:家校共育,"育"什么?怎样

"育"？如何体现课题的特色及创新？疫情情况下学生学习和平时的区别在哪里？

课题组召开第三次全体会议。完成家委会的改选工作。Z主任强调，家委会是家校共育工作中学校和家长之间交流的重要平台。由于疫情的特殊原因，学校对家委会的职责和功能提出了新的要求，H副校长代表德育部门在会议上提出了家委会改选的初步方案，然后，全体成员进行分析和讨论。HY校长、X副校长、C副校长，分别对方案提出了具体的改进意见，以便德育部门对方案进行完善。

课题组召开第四次全体会议。本次会议首先对前期的工作进行了梳理，对于前期提出的问题是否落实，前期制定的方案是否执行进行了总结。对于落实的工作、执行活动的效果也进行了评估。对于只有文字材料而没有落地的工作进行讨论，分析原因找问题，提出整改方案，准备下一阶段实施。

在调研家校共育的行动路径时，我们看到新民学校有四点特色行动：一是家校共育主题活动话语聚焦关键词——"爱国、感恩""卫生、心理""学习、劳动"，家校共育的主题活动都紧紧围绕着这几个关键词进行。二是将对留守儿童、贫困学生的关爱纳入研究中进行。三是学校的特色课程"蓝染""空竹"等也请家长参与。四是加强乡村教师在家校共育方面的专业培训，把课题研究的成果真正融入乡村学校的日常教育教学中。

上述实践最为重要的是，表明了政策实施意义是通过政策文本和政策行为得以建立的。正如拉克劳和墨菲在《领导权与社会主义的策略》一书中所引用的，政策文本的意义是在使用中才完整呈现出来的，文本与行动密不可分，文本总要体现在效用中。政策文本本身的物质性，与行为一起建立意义，它也是一种行为行动。政策意义同样发挥物质性作用，政策实践行为也是话语（付文忠，2010），是构造社会实践的必要领域，拉克劳和墨菲称之为"话语性领域"。进一步说，乡村教育意义在政策话语或政策实施行为中得以表达的时候，也会与其他的政策话语或行为构成新的教育行为和新的教育意义。四川省的三个案例学校致力于构建乡村教育政策行动一体化体系，从上到下，干部和村民都投入到家校共育的行动过程中，这是解决乡村教育政策执行偏差的重要途径，也是实现乡村教育政策过程的多元参与、加强乡村教育政策程序化的具体路径。

四、扩大乡村教育政策实施效力

在乡村教育政策制定实施过程中,行为者使用包括教学和学习活动以及文化产品制作的策略,有利于扩大乡村教育政策的实施效力。四川省献县、仁县、洲县及其乡村学校——献县西关学校、仁县平地学校、洲县新民学校——逐步实现了家校共育共同治理的政策特点,以家校公共诉求将政府、学校、专业组织、家长及社会组织共同纳入乡村教育系统中,构筑了多元主体支持保障体系。乡村教育政策行动一体化的运行机制使乡村教育实践有"章"可循,有力地推动了乡村教育良序运行。县域内教育部门和乡村学校在乡村教育振兴中发布了许多政策实施举措,并取得了可喜的成效。

(一)观念、组织、资源保障学校发展

献县教科局在"文化兴乡村、脱贫新路子"的政策指引下,立德树人这一根本任务落地见效。西关学校从观念、组织、资源三个方面保障学校发展,扩大乡村教育政策实施效力。

在观念保障方面,西关学校注重舆论宣传。在教职工中进行充分的动员和宣传,使乡村教师理解教科局"文化兴乡村、脱贫新路子"政策实施对于学校发展的战略意义,营造政策实施的良好舆论氛围。促进乡村教师观念更新,增强学习意识、科学发展意识、创新意识。在组织保障方面,学校加强党建和教职工思想政治工作,增强组织和职工凝聚力。党政工职权明确,齐心协力,发挥各自功能,共同服务于学校发展。在资源保障方面,学校梳理整合后勤、经费、师资、社区等资源。加强后勤制度与机构建设,为教师有效使用教学设施、设备,推进乡村教育改革创造条件;加强数字校园建设,打造智慧课堂,以增进实效,改进乡村教师的教学方式与学生的学习方式,提高乡村学校管理的水平。学校加大资金投入,尤其在教育科研、教师培训、课程改革、学生实践活动等方面作倾斜。完善教师全员聘任制度、绩效奖分配考核制度,促进教师有序流动。学校资源向乡村社区提供服务的同时,得到家庭和乡村社区的支持、帮助、配合,吸收乡村社会各界人士为学校的发展献计献策,力争实现学校更快、更好地发展。例如,在西关学校的"爱满献县 5.28 贫困学生资助金发放仪式"上,受助学生代表、家长代表满怀感激地做了发言。学生们表示要好好表现,好好学习,不辜负关心关爱,长大后一定要做对国家有用之才,回报社会,报效祖国。

在观念、组织、资源三个方面的保障下，西关学校教育政策实施效力不断提升。以实施德育提升计划为例。学校拓展德育新思路，开展以爱国主义教育为重点的民族精神教育；加强学生行为规范教育，不断提升学生的文明礼仪素养，培养学生与人交往的能力；进一步加强以安全教育、心理健康教育、法制教育、环境教育等为重点的乡村学生生命教育；不断丰富校园文化活动，为学生搭建锻炼自己、展示自己的舞台；构建温馨和谐的校园氛围，使校园真正成为学生快乐成长的精神家园；深入开展家校共育活动，不断提升家长的教育素养。具体来说，学校通过各种培训和锻炼，建设具有德育理念和德育思想的德育队伍；规范德育常规，创设有序、有活力的德育氛围；以爱国主义教育、法制教育为主线，形成礼仪教育、品格教育、生命教育、年级教育主题和劳动教育专题序列。学校开展形式多样的艺术活动、节庆活动、主题教育活动，丰富校园文化生活，让乡村教师寓教于乐。注重培养学生干部，充分发挥团队、学生会作用，增设学生社团，加强管理，培养有个性特长的学生。学校实施强师计划，通过各种培训、名师带教、县级教研员带教、骨干教师带教、校内骨干教师带教等途径，使乡村教师提升的专业素养、事业情怀与职业境界，提升课程实施力、课堂效能。学校实施强生计划，抓好艺体特长生培养，保持艺体工作特色。学校实施质量提升计划，坚持科研兴校、科研优教，使乡村教师提升专业品质，提高研究能力，丰富教育智慧。坚持理论联系实际，推动理论创新、实践创新，以促进乡村教育课程改革方向，以应用研究为主，为学校教育改革与发展服务，为乡村孩子成长服务。

例如，西关学校社会及家庭教育指导工作初见成效：学校在实践中编写了家庭教育指导校本教材；加强家庭教育指导人员建设和培养，形成合理的机制，进一步提高家庭教育指导质量；建好管理规范、队伍稳定、活动有效、社会认可的家长学校和家长委员会；做好社区教育和村民道德教育工作；做好学校立体层级宣传工作；办好宣传栏，制好宣传资料，利用各种宣传媒体及宣传渠道，为学校、教师、学生、家长、乡村社区搭建了一个交流平台，树立乡村学校良好形象。

(二) 艺体工作特色彰显

仁县营造"校校有活动、人人都参加"的乡村教育政策话语氛围，平地学校打造引领时代潮流的"非遗传承名校"，特色彰显。巩固和提升乡村艺体工作特色，充分整合社会、家庭、学校三者的教育资源，加强乡村文化建设，优化物质文化，完善制度文化，丰富精神文化，形成特色鲜明、内涵丰富、品位高雅的乡村学校文化。学校创办"非遗传承名校",以"为学生的终生发展奠基"为办学宗旨,从乡村实际出发,依托当地乡村丰厚的文化底蕴,扩大了乡村教育政策实施效力。

例如,平地学校校长做"课堂教学大比武"活动经验交流时说,开展这个活动提高了乡村教师的教学能力,促进了乡村教师专业发展,推进了区域内乡村教育均衡,学校把活动作为展示教学成果、提供优质教育资源、加强乡村教师培训和推进教育信息化建设与应用的重要抓手。骨干教师、优秀教师和学科带头人带头开展了"晒课"活动。学校将此项活动扩展到全体教师中,形成长效机制,带动教师不断进步,并将活动的成果进行推广,提高了乡村教师的能力素质。

在调研时,我们看到学校将四川省非物质文化遗产——"谈经古乐"引入校园,组建师生谈经古乐队,开展"谈经古乐"的校园学习传承活动,初步走出了一条具有自己乡村特色的办学之路。乐队广泛参与当地乡村文化建设活动,多次参加省、市中小学生艺术节展演,并荣获一等奖。"谈经古乐"课题成果荣获省政府普教成果三等奖、市级一等奖,美育创新案例荣获省一等奖。2018年,学校被评定为"四川省艺术教育特色学校",2019年被认定为"四川省优秀传统文化艺术传承学校"。平地学校美育典型案例荣登《中国教育报》,入选"中国教育20问",成为2019年全国两会焦点话题。

具体来说,学校校本课程建设开发音乐校本课程"里泼之韵",不断补充和完善"奏起家乡的乐"中的"谈经古乐"曲谱。借助乡村学校少年宫建设提升乐队器材配置,每天中午开展竹笛、二胡、三弦、月琴、扬琴等9个器乐声部的专项学习。2021年有145名学生报名参加学校"谈经古乐"学习,其中65名优秀队员组建为第一梯队表演乐队。长期聘请仁县文化艺术中心的6名民乐专家和"谈经古乐"传承人及迤沙拉古乐队老艺人定期指导平地学校师生学习民族器乐。乐队固定每周四下午进行集中排练,近三年编排了《南清宫》《八吉祥》《赶舟歌》《方山谣》"谈经古乐"曲目,还完成了《金蛇狂舞》《红歌联奏》《我和我的祖国》等经典作品排练演出。在校内,校园活动开展在音乐课中,推进器乐进课堂,将竹竖笛作为4~6年级课堂乐器,每节课保证5至10分钟学习。乐队演奏与大课间活动相结合,民乐队为校园民族集体舞《金沙彝笛》现场伴奏,让孩子们唱起家乡的歌,跳起家乡的舞,奏起家乡的乐。学校还定期举办校园艺术节,开展师生器乐专场展示活动,形成"师生齐奏乐,携手共传承"教学相长的良好氛围。每周升旗仪式上开辟班级风采展示活动,让每个乡村孩子都有展示器乐特长的机会,培养民族自信和文化自信。

在校外，学校给学生搭建广阔的校外展示交流的平台，每年都积极组织学生参加仁县艺术人才比赛和四川省艺术人才大赛，"谈经古乐"乐团还参加了省级、市级、区级器乐专场比赛和展演。广泛参与平地镇彝族火把节、迤沙拉姊妹节、仁县迎新晚会等重大庆典活动，助推优秀乡村文化传播。成长通道搭建中小衔接，为队员开辟成长通道。平地学校与县内民族中学、大河中学高中部有效沟通，形成从小学到初中，再到高中学段"谈经古乐"乐团的完整教育链条，为培养优秀艺术人才和传承"谈经古乐"文化拓宽了发展通道。

接下来我们看看平地学校是如何开展"四川省乡村教育振兴联盟活动"，打造乡村学校特色文化品牌的。2019年5月，《赶舟歌》《我和我的祖国》在"迎接新中国成立70周年"中小学生艺术展演活动中荣获小学组器乐类专场比赛一等奖。2019年4月，木里县教育和科学技术局领导莅临平地学校交流艺术教育特色工作。学校乐队及月琴、琵琶、竹笛等器乐活动小组进行了全面展示。2019年3月，乐队参加"遇见·花开"2019年仁县"迤沙拉姊妹节"文化展演活动。2019年2月，平地学校被四川省教育厅认定为"四川省优秀传统文化艺术传承学校"（谈经古乐）。2018年12月，第一批市级教育综合改革试点项目"深化民族学校教育改革，打造非遗传承名校"评估结果为"优秀"。2018年12月，乐队《八吉祥》参加攀枝花市教体系统"金沙炫·弦歌燃"改革开放40周年暨2019迎新晚会开场表演。2018年11月21日，平地学校开展四川省专家示范基地活动暨名教师联合教研教学交流活动。专家们聚焦平地学校，为非遗传承把脉。2018年11月20日，平地学校开展"读万卷书 行万里路"研学旅行活动。器乐队和合唱队的孩子们在三线博物馆举行了一场特殊的汇报演出，用唱家乡的歌、奏家乡的乐的形式表达对故乡的热爱。2018年10月，仁县未成年人思想道德建设工作推进会上，针对平地乡村学校少年宫交流非物质文化遗产校园传承工作，仁县领导高度点赞：平地现象，值得研究推广！2018年8月，《南清宫》在四川省第九届中小学生艺术展演活动中荣获小学甲器乐类一等奖。2018年8月，《里泼彝族谈经古乐学习传承的实践探索》在四川省第九届中小学生艺术展演活动中荣获创新案例一等奖。2018年6月，攀枝花市专家示范基地活动暨非遗传承与发展研讨会开展。平地学校申报市级中小学教育省级专家服务基地获批通过，争取到了更多优质教育专家资源定期指导学校"谈经古乐"乐队的学习活动。2018年5月22日，文化艺术中心"戏曲进校园"走进平地学校。2018年5月，《南清宫》荣获市级第十四届中小学生艺术展演活动综合类（器乐）一等奖。美育创新案例荣获市级一等奖。2018年5月23日，文广新局深入平地学校开展非遗传承工作调研。2018

年5月，市级领导对学校非遗传承工作进行调研。2018年4月，"里泼彝族谈经古乐的学习传承与地方文化建设互动式发展实践"荣获四川省第六届普通教育优秀教学成果三等奖。2018年4月，平地学校由省教育厅认定为"四川省艺术教育特色学校"。2018年1月10日，学校通过四川省艺术教育特色学校评估验收。2017年12月27日，乐队《红歌联奏》参加"砥砺奋进 筑梦花城"教育体育系统迎新晚会表演。2017年10月，《我们是里泼彝族"谈经古乐"传承人》荣获四川省第十二届中小学校园电视评选活动校园新闻评比优秀奖。2017年7月17日，平地学校谈经古乐参加平地火把节开幕表演。2017年5月26日，"四川省2017年度川西南片区教育科研成果推广活动及研讨现场会"召开。平地学校作为分会场之一，现场展示、交流"里泼彝族谈经古乐的学习传承与地方文化建设发展研究"科研成果。2017年3月5日，平地学校器乐队参加学雷锋集中展示交流活动。平地学校不断深化少数民族学校管理、教育教学改革，创新"谈经古乐"地方优秀文化学习传承的方式，促进学校可持续的特色发展。让优秀的乡村文化进入校园，孩子们从优秀乡村文化中汲取营养，找到动力，发现乡村文化之美，将文化自信自植于心。我们相信，今后在乡村教育示范区的过程中，平地学校可以更有效地发挥独特的窗口作用。

（三）乡村文化进校园，弘扬"乡风文明"

洲县"五育并举"，提升乡村教育。新民学校着力促进学生全面素质和个性特长和谐发展，构建陶冶学生高尚情操的花园。乡村文化进校园工作和师生走进"乡风文明"大讲堂，一进一出，扩大了乡村教育政策实施效力。

一方面，学校开展乡村文化进校园工作，以新民学校中医药文化实践基地建设为典型。调研期间，我们观摩了新民学校中医药文化主讲老师的"'一课一药'之薄荷"课程。在课堂上，孩子们通过观察实物，品尝薄荷茎叶，了解薄荷的生长和分布情况，学习薄荷的功效与作用，知道薄荷与中医药文化的渊源。课堂上乡村学生的体验与交流、探索与扩展相融合，使学生在体验中产生对中医药文化的兴趣，让中医药文化在学生心里扎根。在课堂最后环节，学生尝到了薄荷产品，也领到了亲自种植一株薄荷的任务。学校还邀请中医专家到校指导中医药文化进校园工作。专家们在观看了中草药标本、中草药活体标本制作的微盆景，详细了解了学校开展中医药文化进校园工作的背景和情况，并且深入课堂，实地考察后表示要在师资、中草药标本、中医读本上提供帮助。

另一方面，乡村教师走进社区，开展"乡风文明"大讲堂培训活动。通过深入广泛的思想道德建设，弘扬爱国爱乡、遵纪守法、家庭和睦、邻里团结、勤俭自强、诚实守信的道德风尚，不断提高乡村群众的思想、文化、道德水平，形成崇尚文明、崇尚科学的社会风气。为弘扬传统乡村文化，学校开展了"弘扬端午文化，传我浓情粽香"主题活动（如图4－1所示）。在青柳村活动室里，我们看到学校师生组织村民包粽子，有的负责包，有的负责绑粽子，同时村民边包粽子边拉家常，现场其乐融融。

图4－1 "弘扬端午文化，传我浓情粽香"主题活动

四川三个县域内乡村学校案例为我们扩大乡村教育政策实施效力提供了思路。乡村教育政策话语要想发挥真实的意义，赋予乡村社会建构功能，必须借助一定的载体，进行意义宣称。除了政策文本之外，新闻报道、研讨会、标语、广告、故事、表演、仪式、社会惯例行为、文化广场、文化墙、荣誉奖章等也是乡村教育政策话语发挥效力的载体。这些载体能够在乡村情境中对人们产生振兴乡村教育的意义。这也是政策话语分析的任务，探索隐藏在所有有意义的行为背后的内在语法（付文忠，2010）。如前所述，斯蒂芬·鲍尔等人（2012）的"政策制定"理论把解构主义和符号学的概念和技术应用到政策执行分析中。对乡村教育"话语"因素的关注即对包括语言表达在内的各种符号媒介及其实践在乡村教育政策过程中所发挥作用的考察。换句话说，透过教育政策话语，研究它所反映的客观社会之特征（张海柱，2013）。话语理论用于乡村教育最诱人的地方就在于它所具有的普遍解释力和独特视角，它可以有效地解析政策行为者使用符号的话语实践。话语理论有利于我们更深刻地理解乡

村社会的变化和发展，推进乡村振兴。话语形式是福柯在其全部著作中始终关注的研究对象。福柯坚信，话语是由符号构成的，"话语是由一组符号序列构成的，它们被加以陈述，被确定为特定的存在方式"（Foucault，1986）。福柯在《知识考古学》（1969）中指出，话语是由符号构成的，话语的功能远远多于符号的指称。谁在说话，怎样说，为什么这样说，这些"语言之外的东西"正是本书研究的对象。

同时，我们也看到非正式制度的柔性约束构成了教育政策执行的合理性，要求在教育政策执行过程中，因地制宜，关注民情和乡情，注重关系体验与关系互动属性，注重交往价值，保持教育政策执行的张力与自由裁量权的适当持有，秉持的是诱致性制度变迁的理念，它是从制度对教育政策执行隐性影响的层面注重教化功能以及习俗约定，是教育政策有效执行的基础（邓旭，马一先，2019）。重视文化脉络对于实践者政策行为的影响（刘惠，2018），彰显新时代乡村教育实践的价值追求和发展方向。这是下一节的重点。

第三节　新时代乡村教育实践的价值追求和发展方向

乡村教育实践的价值追求和发展方向必须切实关注乡村学生的需求。乡村教育振兴要从乡村学生生存与发展的实际出发。以乡村学生为乡村教育的第一价值主体和为乡村学生的发展服务，都要求切实关注乡村学生的学习与发展需要，而这些需要又不是超然的。它们都实实在在地存在和发生于乡村学生生存的时间与空间。乡村教育实践的价值追求和发展方向应当深刻关注这些现实的时间与空间，从乡村现实条件中寻求促进乡村学生发展的因素，而不能脱离乡村教育的现实环境（洪俊，2006）。同时，振兴乡村的教育实践要具有可操作性，力求有效性。这就需要把乡村社会性的统一要求与乡村学生发展的个性化需要结合起来，彰显乡村教育的社会文化价值，提升乡村教育质量，推进教育公平。

一、乡村教育的社会文化价值

外在于政策场域的情境（context）因素对乡村教育实践的价值追求和发展方向产生重要的影响。在乡村教育政策场域中，这种情境具体包括，乡村教育政策领域所置身于其中的历史文化传统、社会公认的价值观念或社会舆论、社会经济条件、国家宏观制度结构与国家建设的路径选择等（张海柱，2013）。四川省献县、仁县、洲县的乡村学校案例表明，地方政府充分考虑乡村、学校、社区之间的文化合力，并且达到普及教育的目标，助力乡村振兴。同时，我们也看到中央政府对乡村教育有明确的标准，地方政府也有很大的"地方灵活性"。

乡村教育唤起的是一种乡土情怀。为了理解乡村教育的特殊性，我们需要了解乡村环境里所蕴含的社会文化价值。这种特殊性是对比城市而言。相比城市教育，乡村教育有以下特殊性。

第一，乡村教育是在乡村空间内的教育，依托乡村学校开展教育活动。乡村学校是乡村教育的主要基地，其教育对象以学龄儿童为主，也包括乡村社区的社会主义文明建设工作。对学生而言，乡村学校是接受教育的专门场地，其教育目的是实现国家培养目标，其教育内容以国家统编义务教育课程为依据，教师是教育工作的主体。对社区而言，学校教育承担着乡村文明中心的义务，帮助社区对传统文化进行梳理、筛选、传递。在社会主义新时代，乡村教育又被赋予了新的含义，无论是文化建设、社区文明、经济发展，还是家庭和睦、邻里关系、社区社会主义理念的践行和未来乡村文明建设，都是乡村教育应有的责任和义务。对乡村教育而言，乡村社会的建设要以新时代社会主义核心价值观为依据，将其具体化为乡村教育的内容，并在传统文化梳理的基础上把新时代社会建设的方法、内容和目的融入乡村社会生活之中。学校不仅面对学生，而且面对所有的乡村成员，共同分享并讨论国家建设的愿景和所有村民的幸福生活实现的知识和方法。这就是乡村教育的基本过程，也是乡村教育存在的价值和意义。对学校而言，学校教育不仅传递各学科知识，更要根据乡村建设的基本要求，让学生懂得作为乡村成员的责任与义务，为成为乡村建设者和在乡村幸福生活而学习。同时，乡村学校教育要特别注意，不能将乡村教育变成学生身份改变的工具，不能将教育置于唯分数而分数的境地，把学校变成升学的工具。乡村教育的根本目的是建设美好未来的社会主义新乡村，让乡村居民成为有尊严、有思想、有知识的社会主义建设者和享受者。

第二，乡村教育开展活动的对象是乡村学生，目标是培养和发展乡村社会主义建设者，促进经济发展、社会和谐和乡村振兴，并使乡村学生适应变化多样的环境。要培养学生成为未来乡村社会主义的建设者就必须拥有建设者的基本素养。首先，要达到国家教育培养的基本要求，这些基本要求是通过课程计划、课程方案、课程内容和课程方法来实现的。所以，学校教育的基本依据是国家培养方案的课程化。学校通过教学过程的各种评估方式来评价各门学科，也就是各门学科根据自己的学科知识要求和学生的基本情况来实施的各类考试和评估。其次，学校实现乡村文明建设基本工作不应仅停留在学校内部的教育教学工作，学校教育工作者还要与乡村社区联系，深入乡村社会了解乡村社会的文明状况，基本掌握乡村社会的运行方式以及乡村传统文化的文明成果。比如乡村社会存在的契约及其方式，各种仪式、庆典，人们在社会交往中的共同价值意识以及个人在社会交往中所拥有的自我定位和行为规范等。了解这些传统文化内容的意义有几点：一是为学生更好地享受教育而了解其原有的文化心理基础，为掌握新知识服务；二是只有理解乡村社会的文明基础才能更好地把国家社会主义建设的基本精神融入乡村社会文明的建设之中；三是乡村教育工作者只有了解了现实的乡村社会文明的状况，同时又明确国家新时代文化建设的基本要求，才能给自己的教育工作定位，发现自己应该掌握的新知识和国家意识下教育工作的着力点。乡村教育工作者才能感觉到自己存在的意义和价值，才会对自己的工作有更加深刻的理解。

　　第三，乡村教育政策行为者的社区参与度较高，他们是乡村社区中的精英。乡村教育的独特性源于乡村文化生态系统所提供的场域。乡村历史、文化深刻塑造了乡村师生的身份。乡村教师和学生身上带有浓厚的乡土文化基因。乡村教育的主力军是学校中的老师和学生。其中学生基本上全是乡村孩子，他们从出生起就享受着乡村文明的点点滴滴，从怎么吃、怎么睡到怎么走路、怎么说话、什么时候说什么话都有着看不见的但又是实实在在的心理约定。这种约定来自千百年来祖祖辈辈的经验积淀，隐含着怎么做人，怎么交往，怎么规划自己的人生和怎么承认和尊重别的生命等文化价值。这些学生身上所带有的与生俱来的乡村文化因素反映在他们的行为中，表现出他们心中的人际关系建立的标准、行为规范的价值依据。这些都是学校教师了解乡村文化的绝佳条件，也是教师服务乡村社会的文化切口。乡村教育工作者，尤其是学校教师，如果不把乡村社会的发展与当下的教育教学工作相结合，那么其工作效率就会大大降低，对于教育工作者自身而言也很难感受到所承担工作的社会价值和个人的幸福感。对此，乡村教育工作者需要自我提升，无论是理论上、方法上还是具体的教育教学实践方面都需要全方位的自我评判，从而找到自己的不足。教育工作者的自我提升不仅是指自己的学科专业知识的提升，还涉及对人、对社会、对文化等方面的素质修养，所以社会学、历史学、文化学、人类学、社会心理学等知识都是教育工作者需要学习的。一个素质修养不够的人是很难成为新时代合格的教育工作者的。

　　四川省献县、仁县、洲县的乡村教育实践是乡村教师对乡村之爱的特定表现。这种特定的意识、态度和情愫首先改变了部分乡村教师自身专业成长行为的被动。乡村教师的自主性专业发展动力增强。在专业发展上，乡村教师身上蕴含的丰富价值取向与历史性存在的内心活动得到深刻观照。乡村教师积极主动寻找资源和创设平台，表达专业发展中的各种诉求，建构基于乡村社会场域与学生特质的标准体系，划定自身的教学生活边界，他们的自主性专业发展受到乡村社会基层治理事务的协同，表现出明显的主体性和灵活性。乡村教师专业学习效果得到提升。从校本培训、镇级的教研活动、县级的进修培训，到各级各类的学科培训，乡村教师在专业成长学习活动中成长、反思、收获。值得关注的是，献县西关学校和仁县平地学校乡村教师有明显的职业归属感。乡村教师在乡村社会可以获得职业归属感，对乡村社会产生深厚的感情。乡村教师与乡村社会场域和谐共生。

具体来说，我们发现，在献县西关学校、仁县平地学校和洲县新民学校，教师对专业成长认识明晰。多数乡村教师对职业生涯有合理规划，觉得在乡村学校工作能实现自我人生价值。完成教学任务的同时，专注专业成长。献县、仁县、洲县的本土环境有力支撑乡村教师专业成长。在三所乡村学校，教师专业学习的氛围较浓，学校工作中教师们的团队学习意识较强，本土培训尊重教师的个体发展需要，从教师的实际水平出发对不同教师群体提出不同要求，采取阶梯式的培训方法。这样一来，乡村教师的乡土色彩日渐浓厚。乡村教师在情感上深度融入乡村，有真切的乡村认同感。

平地现象，值得研究推广。这是仁县平地学校历史因素的累积，也是探索乡村教育社会文化价值的长期过程。平地学校位于川滇交界的乡镇，倍加关注地方非物质文化遗产的教育价值。在深入开展好省级非遗项目"谈经古乐"学习传承的同时，又不断创新开发"羊皮鼓舞""彝族刺绣"等俚濮民俗文化校本课程。随着"唱起家乡的歌""跳起家乡的舞""奏起家乡的乐"，以及"童心共绘庆百年"主题绘画活动等系列艺术课程的实施，学校特色课程内容不断丰富，地方优秀传统文化得到持续创新发展，围绕立德树人的根本任务，努力实现"提高学生审美和人文素养"的目标，有效促进学生的文化自觉和文化自信。仁县平地学校在全体师生的通力合作下，以非遗传承为载体，以少年宫活动为阵地，以课题研究为抓手，继续走特色发展之路，力争把学校办成四川省民族小学的名校。

在这三所乡村学校，我们看到了改善本土环境对教师专业成长的支撑。比如，对乡村学校教师编制进行政策倾斜；改变乡村教师任课的"全能化"；创建本土专家库，提升本土教师培训的有效性。促进乡师互动与推动城乡一体化发展。加强教师与乡村社会的联系，突显乡村教师的乡土性；加快城乡一体化发展，帮助乡村教师守望职业信念，厚植乡土情怀，振作公共精神。在教师个体层面，着重培养教师自身对专业成长的新认识，重塑乡村教师主体性。提高乡村教师对专业成长必要性的认识，增强乡村教师的团队意识，转变乡村教师的教育观念，使其获得自主性发展，铸就崭新的生命形式，系统建构指向有尊严的、幸福的乡村教师生命形态。

乡村教师的自我提升需要从三个层次来加以考虑：基础理论、应用理论和开发实践。教师基础理论水平的提升主要指的是对教育意义的认识，对教学基本内涵的理解水平，对学生作为人的成长是教育的目的而不是工具的认识等基本观点和观念的建构。对人的理解决定了教师对待学生的基本态度，对教育的认识水平决定了教师对待教育教学工作的起点和原则。任何国家对教育工作的安排都来自对教育本真含义的认识，教育不是一般的技术培训，更不是为了考试分数，教育是一个国家文明的基础工作，也是每一个人成为一个真正的人的生命过程。那些忽略教育认识的教育工作者是不可能真诚地对待教育教学工作的。教师基础理论水平的提升需要阅读教育学、哲学、历史学等学科知识，通过跨学科的理论修养建构自己对人、对人的教育的科学理解。教师自我提升的第二个层次是应用理论的水平，即将基础理论中教育是什么、人是什么和知识是什么等观点、观念运用于现实工作的判断层次。也就是运用自己对人、对教育、对教训的观点来判断自己承担的教育教学工作，这种判断是现实教育教学实践目标和方向。不同的教育观决定了教师对待教育教学工作的态度和对待学生的态度。提升基础理论产生的观点观念，同时还要修习那些与教育教学工作相关的应用性理论，如社会学、文化学、心理学、统计学、科学发展史等交叉学科的知识。应用理论的修养促使教师知识面的拓宽，同时，这也是教师个人修养所必需的。没有相关的应用理论的支撑，教师就很难对自己的教育教学工作做出合乎逻辑的筹划，就不能有的放矢将自己的工作设计成高效率的目标，其工作就没有方向。教师修养的第三个层次是开发实践。每一天的教育教学工作都是新的开发，所面临的教学内容和学生都是"新的"。规定好的教学内容虽然具有一定的稳定性，教师可以帮助学生在认识和解决实际问题中加深对教学内容知识的理解，提高理论结合实际的能力。同样，每一天学生都在成长，每一天学生的生理、心理和学生生存的外部世界都与前一天有所不同，教师需要根据这些不同来规划自己的工作，使其工作适应发展中的学生和发展中的社会。教师每天工作的开发要达到可操作性和可持续性。可操作性和可持续性也是实践活动区别于一般活动的主要标准。只有对自己拥有的那种观念观点的验证活动才能称之为实践。通过实践活动，教师进一步验证自己的判断和对教育、对人、对未来的认识水平，发现自己的不足，从而进一步学习、提升自己。乡村教师自我提升的三个层次是不断循环的过程，在这个过程中，乡村教师会感受到自己工作的意义和价值，也会感受到自己在不断地进步，正是这样不断循环的过程带给乡村教师自豪感与幸福感。特别是，增加乡村教师对乡土文化的了解，提升乡村教师对乡土文化的感知理解力，促进乡土文化与学科知识的有机融合，以"文化之眼"检视日常教学。引导乡村教师参与节日庆祝、地方戏曲、地方优秀文化资源的保护，扎根乡村文化，发掘乡土文化的精神价值，感受乡土文化的重要意义，坚定崇高教育理想，明确自身主体地位。帮助乡村教师参与乡村文化重建，使乡村教师在乡村社会建设以及乡村教育振兴中由边缘性参与的"他者"转为中心式参与的"我者"，从而致力于恢复乡村文化的自信，推动全社会对乡村文化价值的认同。

乡村教师除了上述三个层次的自我提升之外，还需要从区域特点上感受作为教师的价值和意义，所以激发和唤醒乡村教师乡土情感和职业认同，获得职业归属感与幸福感非常必要，这样才能使其愿意留在农村，服务乡村发展。要提醒相关部门必须重视乡村教师作为正常人的基本需求，关心他们对自己的未来，对子女教育的条件要求和对家人关照的要求，想方设法缩小城乡教师的差别，打消他们的后顾之忧。改革开放以来，乡村教师的生活条件和待遇都得到大幅度改善，大大改变了过去的面貌。然而，对教师之间进行横向比较就会发现，乡村教师和城市教师的差距还是很大的，特别是那些视而不见的"软性"条件之间的差距还没有得到实质上的缩小。从乡村社会的发展需要出发，乡村教师的工作与其他部门的工作更加基础，更加重要。他们的工作不仅关系到当下社会的稳定和发展，更关系到乡村社会稳定和发展的基础。乡村教师子女的未来直接关系到乡村教师的稳定，虽然国家对乡村教师的待遇大大提高，但是其子女的升学、就业、就医等生活中的点点滴滴都牵挂着乡村教师的心，影响着他们的幸福感。据本书调查，目前许多乡村教师都存在子女升学或就业方面的问题，教育行政部门和相关政府部门知道这些困难，但鲜有解决方法。年轻的乡村老师要考虑自己的未来，要成家，要买房，要娶亲，为了自己的将来总是要朝好的地方挪动；中年乡村教师恰好是在子女成长、父母养老两重压力之下，自己的工资收入远远不能满足完成子女读书、父母养老的生活要求，不得不思考如何朝城里调动；年纪较大的乡村老师不得不考虑自己退休以后生活的地方的医疗条件、生活方便的问题。大部分乡村教师年老的父母需要照顾，需要去医院定期检查、看病，这也影响了乡村教师的稳定。目前，30～40岁左右的乡村教师是主力,他们大多是独生子女,其父母都步入老年,给他们增加了照顾老人的压力。有些教师由于所在乡村离家太远,自己不能照顾父母,便请保姆照顾老人,每月所付费用差不多是其工资收入的一半,严重影响其生活质量。加上乡村教师总是在乡村与城市父母家之间来回奔跑,既浪费了他们的精力,又影响了教育教学工作,更不可能有自己的时间来提升自己。上述问题,不仅是教育行政部门需要思考的,更是政府各相关部门需要协调解决的。

乡村教师对重构乡土文化有积极作用。乡村教师与本土文化有着天然的联系。乡村教师不仅要承担教书育人的职责,还要成为乡村教育活动的主导者。他们在日常教育教学活动中,作为科学知识的传播者,除了要具备一般意义上的知识外,还需要具备丰富的乡土知识。从长远来看,乡村教师对乡土文化也有筛选、传播和重构的重要作用。乡村教师不仅承担着培育乡村儿童使之传承社会主流价值观成长为符合社会规范的未来建设者和接班人的历史重任,而且积极地为乡村社会的文化建设及发展建言献策,一定程度上发挥了乡村智囊团的作用(巴登尼玛,2019)。乡村教师是推动农村教育现代化的重要力量。作为乡村教育发展的中坚力量,乡村教师在推进乡村振兴战略、促进城乡教育均衡发展中肩负着重要的历史使命(巴登尼玛,2019)。

乡村教育政策蕴涵着政策制定者对乡村教育的期望或价值追求,体现了乡村教育政策系统的价值偏好,表达着乡村教育追求的目的与价值。在拉克劳和墨菲看来,话语是意义的生成前提,是认识,是解构,更是价值重构,是一种通过话语实践的建构性的诠释学(赵磊,2014)。乡村教育政策的价值选择是乡村教育政策制定者在自身价值判断基础上所做出的一种集体选择或政府选择。乡村教育政策的价值选择包括意识中的选择和实践活动中的选择。意识中的选择是乡村教育政策价值目标的确定,实践活动中的选择是乡村教育政策过程中的运作活动,即价值目标的实现和获得。所以,乡村教育政策的价值选择是一个过程,涉及目标选择、手段选择和结果的选择。在献县、仁县、洲县案例中,乡村教育政策的价值选择包括乡村教育政策问题的认定、乡村教育政策目标的确立、乡村教育政策方案和活动手段的选定、乡村教育政策评价标准的确立等。

例如,仁县"我的书屋·我的梦"主题作品内容,包括记述、描绘、书写农家书屋里生动的阅读场景,品读好书时的深刻感悟,以及在探寻党史故事中,对先锋人物、革命遗迹、革命文物、革命诗文的深刻理解,对传承红色基因、赓续革命精神、履行使命担当的思考与追求,能够呈现乡村孩子热爱中国共产党、立志报国、不懈奋斗、读书圆梦的精神面貌。又如,在洲县新民学校案例中，探索了乡村学校教育和社区家庭教育相协调的新模式。树立以人为本的理念，通过家庭活动日、乡村文化进校园、本土教材和社会课程开发等多种形式，探索学校、家庭和乡村社会教育有效互动的新途径，增强乡村学校教育的吸引力，巩固学校教育发展成果，构建学校教育、家庭教育、社会教育和优秀本土文化传承的命运共同体。我们认为，这些实践是乡村教育话语体系的地域性规划。教育话语与社会的关系并不仅仅是单向的后者决定前者那样简单，话语作为一种现实的权力实现方式，对社会起着强有力的反向建构作用（张灵芝，2010）。

在献县西关学校和仁县平地学校，《中小学思政课任课教师培训方案》充分结合乡村实际，分类实施，确保培训质量。参加"我的农村教育故事"优秀教育叙事活动，也体现出献县西关学校和仁县平地学校基于助力乡村振兴和乡村教育改革发展，提升乡村教师专业素养和教育科研能力的意识，围绕活动主题"我的农村教育故事"，由乡村教师讲述自己亲身经历的教育故事，通过所叙之事展开对教育现象的思考、对问题的分析，将客观教育过程、主观真实体验与理性阐发解释融合为一体，从而生成乡村教师教育经验的过程。教师们的讲述聚焦德育、美育、体育、劳动教育与综合实践活动、留守儿童关爱、心理健康教育、乡村家庭教育、乡村学校管理、乡村教师专业成长、乡村教育科研、乡村学校文化建设、乡村学生成长等教育教学实践中自己或身边发生的故事。由此可见，乡村教育政策是对特定的乡村社会情境的反映，这样的社会情境包含了社会科学家们研究的广泛现象：经济因素、人口趋势，还有意识观念以及埋藏在人们心理深处的价值、政治制度的结构与传统、广义的社会文化传统等，这是本书的关注点。新时代，乡村的社会文化因素构成了特定的乡村教育政策环境。

乡村教育政策话语植根于特定的乡村社会文化语境，一方面它能反映隐含其背后的意识观念，另一方面它也在建构乡村社会关系。教育政策来自不同层次的政府部门，有国家层面的，省级层面的，地、市、州层面的，县级层面的。本书主要讨论县级层面的政策。目前，乡村教育政策的制定大都来源于相关的政府职能部门，当然县级教育体育局是乡村教育政策主要制定者，同时也是教育教学评估的主要部门。乡村教师工作目标要求和他们的生活质量很大程度上受地方政策部门的影响。所以，有必要建立有乡村教师参与的议事制度，所有与乡村教育教学工作和生活相关的政策制定都应该有乡村教师参与，也只有教师的参与才能使相关政策更具有效性。首先，建立乡村学校教育政策议事制度要求教育管理部门把教师作为平等的合作者，而不是被领导的下属，让教师进入到学校政策制定的过程中来。政治文明的一个标准就是，让关涉到事件本身的人进入到与此相关的政策制定的过程中，平等地讨论，在国家大政方针的规范下寻找最佳行动方案与实施途径。有的地方在制定学校政策时也征求过教师的意见，但那只是对政策制定结果的意见征求，没有让教师参与到制定工作的全过程。过程正义才能带来结果的正义。乡村教师参与与之相关事务的政策制定全过程，会感到自己是乡村教育工作的主体，是教育教学实践的主体，对后来政策的执行和规章制度的遵守都会是主动的。其次，乡村教师只有参与学校相关政策的制定，才能充分表达教师的困难和基本要求。再次，教师共同参与政策的制定会调动学校的各种积极因素，形成合力，共同为教育教学工作的成功发力，形成良好的乡村学校风气。

我们也看到有教师留在乡村工作一生。但这些教师大多数是当地人。他们有乡村居民拥有的社会关系和情感积淀，更能够与乡村社会的居民沟通。这种沟通不仅是语言上的，而且表现在共同的生活方式和对未来生活的憧憬和期望上。这些教师不仅具有作为教师拥有的知识体系，而且具有理解乡村居民的情感基础、文化认同和共同生活的行为方式。所以，就乡村社会主义新农村的建设而言，他们是独特的桥梁，也是不可多得的乡村社会建设和振兴乡村的人才。为此，乡村学校教育的政策制定一定要有他们参与，听取他们的声音就是听取乡村社会对教育需求的愿望，他们也代表了乡村学生、家长和社会的希望和要求。乡村学校政策如果离开了乡村社会和家庭的教育愿望，那么不管是多么好的政策也很难发挥社会主义新农村建设的教育功能。

在乡村教育政策与乡村社会之间，分析经济发展、文化传统与乡村社会结构对乡村教育政策的制定、执行和效果的影响机制。在此基础上，拓宽乡村教育政策研究的问题域，生成新的教育政策知识（魏峰，2020）。改革开放以来，乡村教育政策的逐步具体化让政策执行组织从教育管理部门转移到乡村学校——承载乡村社会知识和文化复制的基本单位（江凤娟，海路，苏德，2018），建立在国家政策背景中的乡村教育政策的执行单位也逐步下放到乡镇和学校。在四川省的三个案例中，我们看到，乡村教育实践者日常生活的逻辑与政策制定者问题解决的逻辑有一致性，但是也有特殊性，那就是在乡村社会文化等作用下的教育行动逻辑。因此，本书回归乡村生活场景，主动去贴近乡村教育实践者，以更好地服务于教育决策者。每个乡村教育政策执行者都是乡村文化的表征，都承载着一定意义和价值，并运用符号、象征和概念去寻求乡村教育的意义。如前所述，在乡村教育政策实践过程中，因地制宜，关注民情和乡情，这也是"平地现象，值得研究推广"的题中之意。

乡村教育不仅是深入了解乡村文化和传统价值的一种方式，还是推动乡村政治经济发展的重要手段。例如，仁县平地学校自 2010 年确定为"攀枝花市教育专家示范基地"以来，在课堂改革、德育管理、课题研究、艺术教育等方面都得到了攀枝花市教科所教育专家团队的全面指导。在专家示范基地活动的积极影响下，教师的教学理念、教学方法正在不断变化，学校教学改革有序推进，教育教学质量日益提升，教育科研、艺术教育取得显著成效。2018 年，学校由"市级专家示范基地"升格成为"省级专家示范基地校"，进一步拓宽了专家服务示范基地校的工作平台，学校拥有了更多的优秀资源指导机会，学校的发展也在专家的指导中形成特色。乡村文化让学校在办学中的特色得以彰显，知名度更大了。这几年平地学校的相关工作被《中国教育报》《教育导报》《四川科教频道》等新闻媒体报道。其中，学校艺术改革工作经验——《新时代农村美育走向何方》作为美育典型案例在中华人民共和国教育部官网发布，并被编入《2019 教育热点 20 问》，在 2019 年两会期间供全国两会代表、委员参阅。2020 年，学校非遗文化传承工作在学习强国全国教育平台展播。由于各项工作全面推进，学校先后取得了"四川省最美乡村学校""四川省未成年人思想道德建设先进单位""四川省艺术教育特色学校""四川省优秀传统文化艺术传承学校""四川省优秀乡村学校少年宫""四川省优秀艺术社团""全国教育系先进集体"等荣誉。

文化导向、专家引领，为仁县平地学校的教育教学发展奠定了坚实的基础。仁县平地学校校长和老师们在制定新学期计划时表示，学校将继续坚持合理安排、认真学习、反思提高的工作思路，进一步发挥乡村教育专家在学校教育科研、艺术教育、课堂改革等方面的示范引领作用，让正确先进的乡村教育理念指引学校的发展，继续深化乡村教育教学改革，努力打造乡村学校品牌，把学校建设成为引领乡村小学教育潮流的名校。展望未来，仁县平地学校将在"乡村学校振兴联盟"专家组的指引下，继续走特色发展之路，不断深化校本课程建设，不断提升艺术教育水平，不断丰富学校办学内涵，让正确先进的理念引领学校的发展，让学校更具特色，更有品质，把学校建设成为引领全省乡村民族小学教育潮流的名校，迈向充满诗意的美丽乡村。

二、提升乡村教育质量

如前所述，随着我国乡村义务教育"两基"目标的实现、经费问题的缓解、数量的扩张，质量问题成为焦点（梁红梅，王爱玲，2009）。乡村教育政策的演变体现了国家对乡村教师队伍建设的政策定位逐步从"外部支持"向"内生发展"转换。同时，也强调了乡村教师在乡村文化振兴中的关键作用。

　　针对乡村教师发展的政策，提升乡村教育质量，需要细化乡村教师补充政策（巴登尼玛，2019）。主要涉及招聘优秀高校毕业生，深入推进"农村义务教育阶段学校教师特设岗位计划"，实施公费师范生培养，开展高校毕业生、在职骨干教师和优秀退休教师多渠道支教（巴登尼玛，2019）。这些招聘的优秀高中毕业生应该都是生于乡村、长于乡村的学生。这样做一方面能够保证未来的教师稳定地为乡村社会建设服务，另一方面也能让他们在培养家乡下一代的教育工作中体验到自己的价值。当然，招聘工作也包含那些为了稳定乡村教师队伍而制定相关的政策，这不仅对应聘人员有一定的年限要求，更要对他们的业务水平的提升和生活水平的保证做出让他们满意的承诺。这种做法也符合教育的基本含义，即为未来的乡村人处理和使用知识的智慧不断得到提升，为乡村社会的稳定发展和振兴乡村培养一批一批的合格人才。教育一定要摆脱就分数论分数的狭隘理念，一定要改变那种教育就是把乡村人培养成城市人，把小城市人培养成大城市人的工具性等级意识。强化乡村教师工资待遇保障政策。给予连片特困地区乡村教师生活补助，并逐步推广至全国落实；依法保证教师平均工资水平不低于或者高于国家公务员的平均工资水平，并向乡村教师倾斜；不断完善乡村教师医疗养老等社会保障。另外，根据乡村生态环境的差异和与城市距离的远近，以及相关生活水平条件的不同，县级教育管理部门可以制定相关的工资补贴和福利待遇的政策，通过不同渠道补齐乡村教师生活条件、学习条件与城市教师的差异短板。人的生活条件是多样的，寻找乡村教师生活条件的短板应该深入实际，认真调查，发现乡村教师生活的难点和他们对未来的短期要求和长期规划，从而找到政策补助的契合点，如住房补贴、交通补贴、健康补助、家庭或子女生活补助等等。总之，深入调查，因地制宜是乡村教育补助政策制定的策略。优化乡村教师管理政策（巴登尼玛，2019）。统一城乡教师编制标准，并向乡村学校倾斜；调整结构比例，建立适合乡村教师的职称评定标准；推进县域内义务教育学校教师校长轮岗交流机制，促进城乡教师资源合理配置。深化提高乡村教师质量政策。注重公费师范生的定向优秀生源培养；开展乡村优秀青年教师、中西部乡村中小学首席教师在职培养；实施"国培计划"中西部农村骨干教师培训项目；细化乡村教师、校园长培训指南（巴登尼玛，2019）。在培训工作中要特别注意乡村教师的劳逸结合。培训工作一般有几种方式：一是在岗培训，即教师们在不脱离教育教学工作的情况下给予培训；二是利用寒暑假培训，这种培训往往是集中在培训基地或者选择条件较好的城镇；三是脱产培训，就是根据学校实际情况从教学中选调个别教师参加培训。另外，还有各种形式的校本培训。无论哪一种培训都要注意，乡村教师一般都很紧缺，要处理好学校教学工作和教师培训的关系，还要处理好教师劳逸结合的问题。由于乡村教师短缺，他们的工作任务很重，如果再占用他们的假期给予培训，就会挤压他们的休息时间。如果一味地强调培训而忽略教师的劳逸结合，教师就是在培训中也不会尽心，这既挤压了教师的休息时间，也不能取得培训的应有效果。从社会支持层面来说，提高乡村教师待遇，增加乡村教师的文化资本。提高乡村教师物质待遇水平，减小城乡教师待遇的差距，增强乡村教师获得感；提高乡村教师的文化资本，增加其社会资本，使其成为乡村社区的知识精英，获得广泛而稳定的社会支持。相对于其他村民而言，乡村教师具有的知识，一方面是学校教学所用的科学知识，另一方面是乡村生活村民所拥有的那些乡土知识，这两种知识的结合使得乡村教师所拥有的文化资本高于其他部门的工作人员，在乡村建设中应该加以利用。这种利用并非让教师承担基层行政工作，而是让他们参与到乡村建设的各个领域，作为基层工作干部的参谋，也可以作为基层干部工作的评价者。只有让教师参与到适合他们的乡村相关建设工作中来，才能提升乡村教师的社会地位，彰显教师的水平和社会对乡村教师的尊重。通过对乡村社会价值体系的重塑，恢复尊师重教的乡村传统（巴登尼玛，2019）。

在三所案例乡村学校，我们看到，作为乡村教师，学习和培训其实是自我提升的机会，也是应有的权利。教师转变"将其视为任务"的观念，追求"自我发展"，即不是政策外部推动的发展，而是内在驱动、主动自觉的发展。所以，乡村教师有自我提升的积极性和主动性。校长和教师们深刻地意识到，作为乡村教师，专业发展是提升教育教学质量的重要途径。教师应主动通过培训与交流，学习先进的教学理念，提高教学质量。所以，从担负责任的角度，乡村教师要有追求更好的教育的使命感。乡村教师自身认识到改革开放以来乡村教师角色的嬗变，学习传统乡村教师植根于乡土文化进行教学与生活的精神，因地制宜、创造性地进行文化传承，在成功体验中获得坚守乡村教育的人生意义，以此深化职业的归属感。此外，我们看到，学校的乡村教师作为身处乡村的中心人物，在乡土文化守正与创新传承中具有历史使命，乡村教师形塑和构建着乡土文化的正面形象，帮助学生将生命之根牢牢地植入乡村社会中，从而拥有健全的精神生活。所以，乡村教师应有坚守职业使命、提升文化自觉、提升乡村教育质量的意义感。

例如，仁县通过开展小学数学青年教师竞赛暨教研活动，进一步推进了仁县乡村小学的深度课堂建设，总结教学经验，提供相互学习、相互提高的平台，不断促进乡村教学质量提升的可持续发展，活动内容包括青年教师教学竞赛、数学中期教学质量分析、数学教学工作建议及工作强调。又如，平地学校开好艺术课程，提升美育质量，也是一个优秀案例。平地学校2005年开始将地方优秀文化艺术资源引入校园。开足上好艺术课程，努力让学生德、智、体、美、劳全面发展。学校依托地方资源开发了里泼民俗文化音乐、美术校本教材《里泼之韵》和《里泼之彩》。结合地方非物质文化遗产"谈经古乐"的学习传承建设民族器乐校本课程，推进学校器乐教学的施行。学生课余参与传统文化艺术活动达到了100%。学校还聘请了"谈经古乐"传承人、市艺术中心民乐专家等社会人士到学校开展文化艺术指导工作，通过传、帮、带，提高了传承优秀文化艺术的教学水平和课外活动水平。学校还与仁县文化馆签订了非物质文化遗产传承项目协议，丰富区内文化品牌内容，展示世代相传的文化形式和内涵。

平地学校日常活动丰富多彩，开设了民歌、民舞、扬琴、竹笛、二胡、三弦、葫芦丝、琵琶、古筝、绘画、书法等23个社团活动项目，每天活动30分钟，丰富学生课余生活，帮助学生发展艺术特长。通过"唱起家乡的歌""跳起家乡的舞""奏起家乡的乐"等特色活动的开展，学生的能力在日常兴趣活动中得到培养，学校的和谐发展与学生的艺术可持续发展紧密联系，共同成长。依托本地乡村丰富的歌舞文化，改革大课间活动，将"操"与"舞"相结合起来，创编了《笛脚畅想》《金沙彝笛》和《彝翩弦韵》。将优美的彝族舞蹈和音乐融入大课间，形成鲜明的民族艺术教育特色，将美育与体育结合起来，实现了"在活动中锻炼，在锻炼中传承"的教育目标。搭建展示平台，积极为乡村学生搭建展示集体和个人风采的舞台，如"五彩画笔，童心迎六一"绘画作品展评、"墨香满溢校园"现场书法大赛、"非遗艺术之音"师生器乐展评、"国学经典诵读"等丰富的系列活动。每周一的升旗仪式后都由值周班级进行诗词朗诵、民族器乐、现场绘画、书法等方面的班级活动展示，发展乡村学生艺术特长，提高了学生参加各种活动的积极性。除校内活动外，学校还将学习传承活动融入地方各种民俗文化活动中。同时，学校认真组织参加各级艺术质量检测，除市区检测以外，学校每期都会对学生参加兴趣小组、艺术社团和各类艺术活动的表现进行过程性评价。登记学生艺术类证书和外出表演学习等记录，对学生进行发展性评价。

美育质量的提升，也拓展了平地学校校本课题研究，深化了特色发展。学校自提出了"科研兴校"的发展战略以来，把优秀传统文化艺术传承工作融入课题研究，以此来发挥学生个性特长，提升学生的综合素养，推动乡村学校教育的特色发展。在 2005—2009 年期间，开展了市级重点课题"里泼彝族民俗文化开发与民族小学校本课程建设研究"的研究，编辑完善了《里泼之源》《里泼之韵》《里泼之彩》《里泼之趣》（语文、音乐、美术、体育）四本校本教材。课题成果荣获四川省第四届普教教学成果一等奖、教育部教学改革成果二等奖。2009—2015 年开展市级课题"里泼彝族谈经古乐的学习传承与地方文化建设发展研究"，由于研究成效显著，2013 年入选国家"十二五"规划教育部重点课题，学校同时获得了"非物质文化遗产校园传承研究项目学校"的荣誉。该课题成果于 2017 年荣获四川省第六届普教教学成果三等奖。

通过提升教育质量，打造校园文化，平地学校发挥辐射作用。学校以"彝风存古韵，平地竞风流"为校园文化主题，把以彝风为代表的中华民族传统文化融入师生生活之中，实现了优秀传统文化艺术与现代科学技术的融合，办学特色得到了社会各界的高度认可。2011 年 4 月 7 日，国务院参事室陈进玉主任莅临学校指导工作。在会上，陈主任感慨地说："你们学校注重学生德智体美全面发展，完全可以和城里的孩子一竞风流！"2015 年 5 月 28 日，教育部国培音乐学科专家郑莉老师和金亚文、李存老师莅临仁县平地学校，对少数民族音乐教师专业发展情况进行调研并指导学校艺术教育工作。专家们高度肯定仁县平地学校"立足本土，开发校本课程，传承民族文化艺术"的办学思路，希望学校进一步发挥引领示范作用，"一所带动一片"辐射周边区域的艺术教育。2017 年 5 月 26 日，"四川省 2017 年度川西南片区教育科研成果推广活动及研讨现场会"在攀枝花市召开。来自雅安、凉山、甘孜以及其他市州和攀枝花市三区两县教师代表共 132 人参加了仁县平地学校"里泼彝族'谈经古乐'的学习传承与地方文化建设发展研究"成果推广活动。2018 年 4 月，博士后服务团专家、四川师范大学舞蹈学院表演系主任扎西才让老师到学校进行非物质文化遗产——"羊皮鼓舞"校园传承工作指导，并与学校达成了"对口帮扶合作协议"，对今后开展交流培训、人才培养、技术及远程指导情况等进行了规划。

学校累计参与省、市、区、镇文化活动 100 余次，积极创新发展地方文化，形成了学校文化教育与地方文化建设相促相融的互动式机制。学校先后承担了"国家级音乐子课题阶段成果展示会"、全市"校园文化建设现场会""艺体教育成果展示会""市乡村学校少年宫现场会"等大型推广交流活动，接受云南省大姚县政府、凉山州政府等省、市观摩学习团体的民族教育情况专题考察和媒体采访报道 50 余次。《中国教育报》《教育导报》和省、市电视台、日报社的《民族艺术走进校园》等专题报道更是引起了较大的社会反响。学校还与其他民族中小学衔接,把继承非物质文化遗产的这条道路持续走下去。同时,学校也将特色办学经验分享于结对发展的木里藏族自治县依吉乡小学,希望其他民族乡村小学也能立足本民族的文化,找到文化传承的突破口,助力乡村教育质量的可持续提升。

三、推进教育公平

政策是保证乡村实现教育公平的前提,也是乡村实现教育公平基础。乡村教育政策是国民教育政策的一部分,政府为乡村孩子平等享受教育积极创造条件,提供平等的教育途径,确保全社会有公平、良好的教育。公平不是平均,而是在公众共同参与下对每一个个体的特点的承认和支持,保证每一个具有独特性的个体享受到其应该享受的教育水平。为此,发现每个乡村的特点是公平的第一步。这些特点可以表现在自然环境的不同,可以表现在生产方式的不同,也可以表现在交通信息等方面的差异。教育培养社会主义建设者的目的可以分解为让每一个学生根据自己的特点设计和规划自己未来的生活而享受他应该享受的学校教育。所以乡村学校在硬件上必须按照国家基本要求统一建设、统一管理,但在软件上要根据每所乡村学校的不同和学校中学生所拥有的特点来思考如何让他们成为拥有未来社会主义建设的知识和在乡村能够幸福生活的知识来设计教育教学的具体实施方案,开发校本课程,拓展第二课堂,设计多种形式的符合学生需要的教育教学模式。教育公平不是所有的学校都一个样,所有的考试都一个样,所有的学生都一个样。如果把教育公平理解成都一个样,那么公平的含义就不存在了,学校与学校之间就会以"公平"作为幌子进行恶性竞争,学生的学习就会变得单一、乏味,学校教育就会失去培养人的生存力、想象力、创造力的基本功能,也失去了为社会主义建设服务的基本功能。习近平总书记强调:"教育公平是社会公平的重要基础,要不断促进教育发展成果更多更公平惠及全体人民,以教育公平促进社会公平正义。"这是中国实现教育现代化的指导方针,也明晰了新时代乡村教育的价值追求和发展方向。总体来讲,乡村教育的时代性实践有制度优势。从改革开放到新时代,乡村教育政策走向强调优先发展乡村教育,服务乡村振兴。四川案例塑造乡村"责任共同体"关系,推进政策落地。三所乡村案例学校通过开展优秀文化艺术传承工作,真正达到了"以文化人,以美育人"的效果。学生能力全面发展,教师素质飞速提升。学校将继续深化乡村教育改革,挖掘传承优秀传统乡村文化，建特色乡村学校。

为充分发挥话语体系在教育强国建设中的作用，需在话语体系建设上进一步夯实中国特色乡村教育的历史逻辑、理论逻辑和实践逻辑，强化中国乡村教育话语体系的结构性特征和地域性规划。建立多层次、多结构、多类型、多功能的适应性强、特色突出的乡村教育政策话语体系，以保证乡村教育"统筹兼顾、因地制宜、突出重点、整体推进"，全面提升乡村教育发展水平。学校教育一方面要培养未来的人才，另一方面要为乡村社区稳定发展服务，双重任务下的学校工作是丰富多彩的。建立健全由大家共同参与的各项教育政策话语体系不仅利于保证完成当下的教育教学工作，更利于对学校的未来建立起一种由话语体系组成的、适合乡村社会发展的、全体师生都崇尚的学校风气。这种风气表现在办学思想上，表现在教育教学原则上，表现在学校管理的工作方针上。只有形成适合乡村社区建设和乡村儿童发展的政策话语体系，并保证其体系的时间可持续性，学校才能形成自己的特色，才能成为乡村社会的一个不可分割的部分。

当教育政策被理解为一个国家加诸社会的特定教育活动之上的一种具权威性的价值或议题时，教育政策研究的目的就在于揭示有关的教育议题如何形成，并检视它所制度化的教育价值与实践的认受性基础（曾荣光，2014）。乡村教育政策即由党和政府制定与颁布的用以指导、规范乡村教育事业发展的一切价值准则与行为规范的总称（褚宏启，2011）。它是对受教育权利、资源以及教育行政权力进行分配与调整的过程，也是引导人们的行为或事物的发展朝着乡村教育政策制定者的方向发展的过程（褚宏启，2011）。本书通过四川省的三个案例去切近新时代中国乡村教育关于基层政府、村级学校与村民关系的互动研究，采用政策话语分析的描述框架，进而洞见乡村教育运行的复杂结构，纾解乡村社会所特有的教育困境，以期开拓出新的教育模式。由此，希望进行多方面、全方位的乡村教育政策实践研究，建立和完善科学的乡村教育考核和评估指标体系，并以此制订和实施符合实际的乡村教学政策，推进教育公平。这是未来乡村教育政策话语研究的努力方向。

结　语

　　党的十八大以来，习近平总书记对中国特色社会主义发展阶段的认识，成为新发展阶段的理论基础，不断满足人民对美好生活的需要是新发展阶段的根本目标。中共中央、国务院印发的《关于加强和改进乡村治理的指导意见》明确指出："到2035年，乡村公共服务、公共管理、公共安全保障水平显著提高，党组织领导的自治、法治、德治相结合的乡村治理体系更加完善，乡村社会治理有效、充满活力、和谐有序，乡村治理体系和治理能力基本实现现代化。"深刻体现了新发展阶段乡村振兴急需解决的核心问题是加强和创新乡村基层社会治理。从党的十九大召开至今，以乡村振兴战略提出为契机，中国开始进入促进城乡融合、构建新型城乡关系阶段，为城乡教育资源一体化创造了条件。党的二十大报告提出，全面推进乡村振兴。在这一时代背景下，城乡教育一体化是未来教育均衡发展的突破口和着力点，成为中国共产党处理城乡教育关系的最新发展理念及政策表述，有助于不断优化教育结构，缩小城乡教育之间的差距，实现乡村教育的可持续发展。乡村教育既承载着为乡村地区经济发展和文化传承培养人才、塑造乡风文明的任务，同时也是实现农村农业现代化的重要抓手，并且随着乡村振兴战略的全面实施被赋予新的时代内涵。

　　通过乡村学校社区教育政策执行过程的优秀案例分析发现，基层政策执行者在政策执行动态过程中的能动参与地位，有利于乡村教育振兴政策的积极宣传、科学规划、创新实施路径和扩大效力，突破政策低效、失效和效果不理想的问题。基层政策执行者的视角强调基层政策执行者在乡村教育政策执行动态过程中的能动参与地位，有利于缩小政策执行效果与政策制定者理想之间的差距。基于政策执行有关理论体系和概念，从中国乡村现实出发架构理论和方法，总结乡村教育成功经验，探讨乡村政策执行研究根源。将乡村定位为一个有自身优势潜能的能动者，彻底转换研究视角，进一步突破乡村教育政策执行研究视角的创新，以达到促进乡村教育质量提升、乡村社区经济发展、社区关系和谐之目的。

乡村教育政策的决策、执行、评价构成了乡村教育政策过程的完整环节（邓旭，马敬华，2021）。乡村教育政策研究的话语内容及话语权的嬗变既是不同时期社会发展与教育改革及其影响下乡村教育政策变迁的学术反映，同时也受到乡村社会政治、经济、文化、人口，特别是乡村教育政策改革及其政策演变等的深刻影响（沙莉等，2020）。这些"演变"引发的新的教育要求，就是"乡村振兴"的新内涵。政策话语一方面来自国家教育的总体方针，另一方面又来自乡村社会政治、经济、文化、人口、生产方式等条件。同时，乡村家庭和孩子们的教育愿望也是政策话语的来源之一。多渠道的政策话语来源聚焦于乡村学校工作，形成了多元的教育诉求，在各自不同的话语体系中通过相互对话、议事、决策，形成各个领域相互融合的视域，这种融合的视域在国家教育目的的统摄下展开具体的教育教学工作，这是学校教育应该承担的任务。所以，深入研究并准确把握各个渠道的话语体系，沟通不同话语体系的需要源头，形成平等对话交流的政策话语建立机制也是乡村学校教育建设所不可缺少的工作。要完成这项工作，所涉及的教育行政管理部门、学校管理部门和教师队伍、乡村学校教育代表、那些德高望重能够代表民众教育愿望的人，以及政府部门中与教育高度相关的单位都应该加入学校政策话语体系的建设中来，并且应当组织或委托专门机构来负责召集、协调各话语人群的交流、对话。这项工作的成功与否直接关系到乡村教育政策的功效和实践过程的公平与正义，这也是国家社会主义核心价值观在乡村教育中的体现和践行。

宏观维度上重视国家和政策的社会环境、经济环境、政治文化以及国际环境等因素的变化，会影响政策的供给、输入与输出。宏观维度上的政策更多强调思想观念的方向性，是方法论层面的对现实教育教学实践的判断和预测。每一项教育教学工作都是在预先的话语体系中产生的共同视域融合，表现在文字上就是对是什么的解释和对怎么做的规划。表面看来，见于文字的语句不具备具体的操作意义，但是政策文本解决教育教学实践者的教育观、教学观、知识观，以及对现实教育教学活动的价值判断，是具体实践工作不可缺少的思想基础。微观视野关注政策行动者因素。将乡村教育政策内容的分析定位在一个更广阔的经济、社会和历史背景中，并考虑其在最广意义上对政策领域的影响，促进社会公平和公正。陶行知先生曾提出，要把乡村学校当作改造乡村生活的中心，要使乡村教师成为改造乡村生活的灵魂。宏观维度的政策环境和微观视野的政策行动，两者不是截然分开的，而是密切联系的逻辑结构。思想观念的存在决定对现实活动的价值判断，只有通过价值判断才可能产生对实践工作的意义认同和目标规划。每个乡村教育工作者都有这样由"道""法""术"三个层次构成的实践逻辑来展开自己的具体工作，同时，也是通过这三个层次的修养来反省自己的不足与对未来发展预设。从乡村教育的各种政策文本来看，也都涵盖"道""法""术"三个层面，因为只有解决思想观念的问题，才可能建立正确的价值判断标准，有了判断标准才可能做出具体的乡村教育教学行为。对中国教育事业的整体发展而言，乡村教师极为重要。"乡土中国"的悠久历史及乡村长期存在、全国学龄人口大多在乡村的事实，决定了乡村教育也将长期存在。"十四五"时期是中国开启全面建设社会主义现代化国家新征程、向第二个百年奋斗目标进军的第一个五年，展望新征程，教育将会越来越置于通向美丽乡村优先发展的地位，获得更多的支持，从而实现全面振兴。

参考文献

[1] 巴登尼玛, 2019. 教育的根本任务是实现人的尊严 [J]. 民族教育研究, 30（3）：12−18.

[2] 白亚鹏, 2019. 用学术讲政治促进"教研咨一体化" [J]. 社会主义论坛, (4)：32−33.

[3] 白杨, 2019. 民族地区教育扶贫的基本内涵及时代价值思考——基于社会主义核心价值观视域 [J]. 教育与教学研究, (1)：121−128.

[4] 白杨, 2015. 我国区域特色课程资源研究：现状、问题与趋势 [J]. 课程·教材·教法, (6)：19−25.

[5] 白杨, 2020. 建构主义理论视域下民族地区创新创业人才培养模式研究——以甘孜、阿坝地区中等职业学校为例 [J]. 阿坝师范学院学报, (4)：115−120.

[6] 陈静漪, 宗晓华, 2018. 农村义务教育财政体制改革与发展——改革开放四十年回顾与展望 [J]. 教育经济评论, (6)：43−61.

[7] 陈静漪, 宗晓华, 2011. 实施"新机制"后农村义务教育发展机制分析 [J]. 教育发展研究, (11)：7−12.

[8] 陈婷, 张辉蓉, 宋乃庆, 2018. 改革开放四十年我国义务教育改革发展的回眸与反思 [J]. 教育与经济, 145（5）：8−14.

[9] 陈小娅, 2005. 坚持科学发展观推动基础教育持续协调发展 [J]. 人民教育, (7)：4.

[10] 陈炳辉, 2010. 从政治领导权、意识形态领导权到话语领导权——拉克劳、墨菲的领导权理论 [J]. 厦门大学学报（哲学社会科学版）, (1)：102−107.

[11] 崔玉婷, 2009. 梁漱溟、陶行知乡村教育思想比较研究 [C]. //纪念《教育史研究》创刊二十周年论文集（2）——中国教育思想史与人物研

究.［出版者不详］，2009：1804-1807.

[12] 邓佑玲，2000. 双语教育与文化认同［J］. 中央民族大学学报（哲学社会科学版），(1)：113-119.

[13] 邓旭，马一先，2019. 新时代我国教育政策执行问题的新思考［J］. 教育与教学研究，(12)：42-50.

[14] 邓旭，马敬华，2021. 我国教育政策过程的前瞻性研究［J］. 现代教育管理，(4)：53-60.

[15] 董泽松，2021. 刍议少数民族地区定向师范生乡村教育情怀的培养［J］. 文化创新比较研究，(8)：26-28.

[16] 杜尚荣，朱艳，游春蓉，2021. 从脱贫攻坚到乡村振兴：新时代乡村教育发展的机遇与挑战［J］. 现代教育管理，(5)：1-8.

[17] 费孝通，1985. 西部经济发展和各民族共同繁荣［J］. 中国民族，(11)：4-6.

[18] 费孝通，1989. 中华民族的多元一体格局［J］. 北京大学学报（哲学社会科学版），(4)：3-21.

[19] 付文忠，2010. 后马克思主义话语理论的哲学基础剖析［J］. 西南大学学报（社会科学版），(1)：75-80.

[20] 高小立，李欢欢，2019. 新中国70年农村义务教育财政体制改革探析［J］. 四川师范大学学报（社会科学版），(5)：40-47.

[21] 郭清扬，2013. 义务教育均衡发展与农村薄弱学校建设［J］. 华中师范大学学报（人文社会科学版），(1)：161-168.

[22] 海路，2012. 务本的教育——兼论潘光旦先生的乡土教育观［J］. 湖南师范大学教育科学学报，(6)：31-35.

[23] 海路，2015. 壮汉双语教育的现状、问题及对策——以广西壮族自治区武鸣县三所壮文实验学校为个案［J］. 广西民族研究，(4)：106-112.

[24] 郝文武，2021. 以城乡教育有特色融合发展促进乡村教育振兴和农村教育现代化［J］. 教育科学，(3)：1-7.

[25] 洪俊，2006. 农村义务教育课程改革的价值取向——兼论农村教育必须坚持为"三农"服务［J］. 东北师大学报，(4)：136-142.

[26] 黄巨臣，2019. 乡村振兴中的农村教育扶贫政策：价值意蕴、实践困境与推进路径——基于"权力—技术—组织"的分析框架［J］. 教育与经济，(6)：18-26.

[27] 姜峰，刘丽莉，2009. 澳大利亚《土著民族教育（目标援助）法案》

[J]. 中国民族教育, (5): 41-43.

[28] 姜廷志, 蒙佐德, 2012. 借鉴晏阳初乡村教育观 推进凉山民族地区学校双语课程实践[J]. 攀枝花学院学报, (2): 72-74.

[29] 蒋莉, 2011. 对民族地区乡村教育的思考——甘孜乡村教育之我见[J]. 中国科教创新导刊, (3): 4-5.

[30] 江凤娟, 海路, 苏德, 2018. 从政策文本到学校行动: 双语教育政策执行偏差研究——以广西壮族自治区为个案[J]. 民族教育研究, (5): 31-41.

[31] 孔明安, 2004. 后马克思主义的政治哲学批判——拉克劳、墨菲的多元激进民主理论思想研究[J]. 马克思主义哲学研究, (1): 298-309.

[32] 恩斯特·拉克劳, 查特尔·墨菲, 2003. 领导权与社会主义的策略[M]. 哈尔滨: 黑龙江人民出版社.

[33] 雷经国, 2020. 贫困县乡村学前教育精准扶贫政策研究进展及其发展趋势[J]. 当代教育论坛, (2): 116-121.

[34] 李潮海, 于月萍, 2017. 新型城镇化背景下农村义务教育转型路径探究[J]. 现代教育管理, (11): 36-41.

[35] 李芳, 2012. 乡村学校的衰落与乡村教育的发展[D]. 南京: 南京师范大学.

[36] 李郭倩, 张承洪, 2020. 精准扶贫视角下县域民族教育发展的困境与策略——以四川省A州为例[J]. 贵州民族研究, (6): 155-160.

[37] 李郭倩, 2018. 改革开放40年来我国双语教育政策的回顾与前瞻[J]. 民族教育研究, (5): 17-23.

[38] 李汝信, 田贵明, 1997. 办好乡村教育 立志乡村改造——来自师范教育和农村教育综合改革试点桥沟学校的调查报告[C]//1997年中陶会师范教育与农村教育综合改革山西现场研讨会论文集, [出版者不详], 55-60.

[39] 李钊锋, 2019. 新时代乡村教育长足发展对策研究[C]//2019教育信息化与教育技术创新学术研讨会(贵阳会场)论文集, [出版者不详], 719-720.

[40] 李自典, 2005. 20世纪30年代的乡村教育运动: 国家、社会团体与民众的互动研究[C]//中国现代文化学术研讨会论文集, [出版者不详], 339-354.

[41] 梁红梅, 王爱玲, 2009. 我国农村义务教育质量问题考察与归因[J].

教育理论与实践，(4)：34-38.

[42] 刘冲，巴登尼玛，2021. 论教育学的文明立场——一种基于生命关系视角的分析 [J]. 当代教育科学，(5)：3-9.

[43] 刘冲，巴登尼玛，2020. 回归教育原点：教在生命 [J]. 中国教育科学（中英文），(4) 17-26.

[44] 刘冲，巴登尼玛，2019. 文化、社会与教育的关系 [J]. 当代教育与文化，(6)：14-22.

[45] 刘奉越，张天添，2021. 中国共产党百年乡村教育发展历程、成就与展望 [J]. 河北大学学报（哲学社会科学版），(4)：47-54.

[46] 刘复兴，2002. 教育政策的边界与价值向度 [J]. 清华大学教育研究，(1)：70-77.

[47] 刘惠，2018. 学校日常生活中的政策呈现——教育政策执行研究的新立场 [J]. 教育科学研究，(4)：36-40.

[48] 刘辉汉，1989. 寻觅乡村教育的曙光——前元庄实验学校整体改革实验报告 [C] //山西省陶行知研究会首届二次学术年会论文选集，[出版者不详]，101-110.

[49] 罗生全，李越，2020. 城乡一体化下的乡村教师政策转型 [J]. 教育理论与实践，(25)：38-42.

[50] 马振林，2004. 甘肃民族高等教育存在的症结及其发展对策 [J]，甘肃高师学报，(1)：89-92.

[51] 马戎，2007. "差序格局"——中国传统社会结构和中国人行为的解读 [J]. 北京大学学报（哲学社会科学版），(2)：131-142.

[52] 马戎，2010. 如何思考我国少数民族地区乡土教材建设 [J]. 北京大学教育评论，(1)：179-187.

[53] 马戎，郑惠元，2018. 历史演进中的中华文化和中国民族话语 [J]. 西北民族研究，(3)：5-13.

[54] 梅宗乔，2001. 贵州少数民族教育的开拓者——乡村教育先驱黄质夫先生 [J]. 黔西南民族师专学报，(1)：40-41.

[55] 欧阳修俊，2019. 新中国成立70年乡村教育研究回顾与思考 [J]. 现代远程教育研究，(2)：11-22.

[56] 秦玉友，2020. 农村义务教育师资供给与供给侧改革 [J]. 教育研究，(4)：139-151.

[57] 司晓宏，杨令平，2010. 当前我国西部地区农村义务教育形势分析 [J].

教育研究，(8)：13-19.

[58] 沙莉，田汉族，刘园，等，2020. 中国教育政策研究的话语嬗变及其语境化剖析［J］. 当代教育与文化，(5)：26-37.

[59] 孙峰，马旭飞，2020. 政策议程设置：演变、机理与"互联网+"新样态［J］. 天津行政学院学报，(1)：10-18.

[60] 谭翀，严强，2014. 从"强制灌输"到"政策营销"——转型期中国政策动员模式变迁的趋势与逻辑［J］. 南京社会科学，(5)：62-69.

[61] 唐长河，2009. 梁漱溟乡村教育理论对社会主义新农村建设的启示［C］//纪念《教育史研究》创刊二十周年论文集（2）——中国教育思想史与人物研究，［出版者不详］，2096-2099.

[62] 滕星，2000. 凉山彝族社区学校实施彝汉双语教育的必要性［J］. 民族教育研究，(1)：5-25.

[63] 涂端午，2009. 教育政策文本分析及其应用［J］. 复旦教育论坛，(5)：22-27.

[64] 涂端午，陈学飞，2007. 我国教育政策研究现状分析［J］. 教育科学，(1)：19-23.

[65] 王阿舒，孟凡丽. 2006，新疆少数民族双语教育政策发展综述［J］. 民族教育研究，(2)：22-26.

[66] 王红，2019. 政策精准性视角下乡村青年教师激励的双重约束及改进［J］. 教师教育研究，(4)：47-52.

[67] 王鉴，2019. 西部农村小规模学校发展思路研究［J］. 教育发展研究，(20)：1-7.

[68] 王锡宏，2003. 少数民族教育双重性理论与实践探索［J］. 贵州民族研究，(4)：158-163.

[69] 王尤清，2019. 抗战期间黄质夫在贵州少数民族地区的乡村教育实践论析［J］. 南京晓庄学院学报，(3)：1-7+123.

[70] 王玉国，2010."离土"视域下中国乡村教育问题考察——兼论乡村教育之人文重建［C］//2009年首届首都高校教育学研究生学术论坛论文集，［出版者不详］，3-7.

[71] 王佃利，王玉龙，2021. 战时话语如何提效政策行动？——基于城市发展"攻势"的个案研究［J］. 中国行政管理，(4)：6-13.

[72] 魏峰，2020. 我们需要什么样的教育政策比较研究［J］. 比较教育研究，(11)：19-25.

［73］吴明海，2015. 民族地区乡村教育要重视文化［J］. 中小学校长，(5)：28－29.

［74］武永富，2021. 从泥桌子说起——谈谈乡村教育的大发展［C］//华南教育信息化研究经验交流会2021论文汇编（三），［出版者不详］，1116－1120.

［75］杨蕴希，孙晓黎，2009. 黄质夫在贵州民族地区的乡村教育活动及其现实意义［J］. 贵州民族学院学报（哲学社会科学版），(2)：79－83.

［76］袁桂林，2004. 农村义务教育"以县为主"管理体制现状及多元化发展模式初探［J］. 东北师大学报，(1)：115－122.

［77］袁文彬，2019. 马克思主义语言哲学的三副面孔——语言生产·欲望政治·生物权力［J］. 外语学刊，(3)：1－6.

［78］曾荣光，2014. 教育政策行动：解释与分析框架［J］. 北京大学教育评论，(1)：68－89+189－190.

［79］曾荣光，2011. 理解教育政策的意义——质性取向在政策研究中的定位［J］. 北京大学教育评论，(1)：152－180+192.

［80］张海云，祁进玉，2016. 青海藏蒙地区双语教育政策与实践的理论思考［J］. 民族教育研究，(2)：11－16.

［81］张乐天，2007a. 促进教育公平关键在提高农村义务教育质量——对实施新修订的《义务教育法》的几点思考［J］. 江西教育科研，(1)：82－84.

［82］张乐天，2007b. 支持发展农村教育：历史使命与政策行动［J］. 南京师大学报（社会科学版），(3)：82－86.

［83］张灵芝，2010. 话语分析与高等教育研究［J］. 江苏高教，(5)：32－35.

［84］张阳阳，2018. 双语教育实施的困境与可能：基于"意识三态观"框架的讨论［J］. 民族教育研究，(1)：12－20.

［85］赵小明. 黑河市优化教育资源发展民族乡村教育［N］. 黑龙江经济报，2006－07－12(2). DOI：10.28353/n. cnki. nhljj. 2006.001435.

［86］赵磊，2014. 拉克劳和墨菲的后马克思主义理论研究［D］. 长春：吉林大学.

［87］周镭，杜育红，2015. 成效与问题："农村义务教育经费保障新机制"十年考［J］. 中小学管理，(7)：31－35.

［88］周宪，2013. 福柯话语理论批判［J］. 文艺理论研究，(1)：121－129.

[89] 褚宏启，2011. 教育政策学［M］. 北京：北京师范大学出版社.

[90] 左春伟，吴帅，2019. 乡村振兴战略中绩效目标的价值与困境——基于中央和17省级区划乡村振兴指导性政策文件的NVivo质性研究［J］. 西藏大学学报（社会科学版），（2）：163－170.

[91] 曾汝弟，2018. 振兴乡村，必须振兴乡村教育［C］//第八届云南省科协学术年会论文集——专题一：绿色发展，［出版者不详］，209－214.

[92] 张海柱，2013. 西方公共政策话语研究：回顾与展望［J］. 公共管理与政策评论，（4）：67－77.

[93] Baker，C，2006. Foundations of bilingual education and bilingualism (4th ed.)［M］. Clevedon，UK：Multilingual Matters.

[94] Ball，S. J，1994. Education reform：a critical and post-structural approach［M］. Buckingham：Open University Press.

[95] Ball，S. J.，Maguire，M.，Braun，A，2012. How schools do policy：policy enactments in secondary schools［M］. London：Routledge.

[96] Clarke，M，2012. The (absent) politics of neo-liberal education policy［J］. Critical Studies in Education，53（3）：297－310.

[97] Fishman，J. A，1989. Language and ethnicity in minority sociolinguistic perspective［M］. Clevedon，Avon：Multilingual Matters.

[98] Foucault，M，1980. Power/Knowledge：Selected interviews and other writings［M］. London：Harvester.

[99] Foucault，M，1986. The Archaeology of Knowledge［M］. London and New York：Tavistock Publications.

[100] Foucault，M，1991. Governmentality［M］. In G. Burchell，C. Gordon，P. Miller（Ed.），The Foucault effect：studies in governmentality. Chicago：University of Chicago Press.

[101] Foucault，M，2002. The Archaeology of Knowledge［M］. London：Routledge，54.

[102] Postiglione，G. A，Hannum E，Kong，P. A，2020. Rural education in China's social transition［J］. Taylor and Francis.

[103] Postiglione. G. A，2009. China's international partnerships and cross-border cooperation Chinese education［J］，Society（4），doi：10.2753/CED1061－1932420400.

[104] Cuervo，H，2016. Understanding social justice in rural education

[M]. New York: Palgrave Macmillan.

[105] Pepple, J. D., Law, D. A., Kallembach, S. C, 1990. A vision of rural education for 2001 [J]. Educational Horizons, 69 (1): 12—19.

[106] Cummins, J, 1980. Social psychological studies [J]. Language in Society (3), doi: 10.1017/S0047404500008265.

[107] Johnson, B. C, 2000. The politics, policies, and practices in linguistic minority education in the People's Republic of China [J]. The International Journal of Educational Research, 33 (6): 593 —600.

[108] Kayongo-Male, D., Benton Lee, M, 2004. Macro and micro factors in ethnic identity construction and educational outcomes: minority university students in the People's Republic of China [J]. Race Ethnicity and Education, 7 (3): 277—305.

[109] Laclau, E., Mouffe, C, 1985. Hegemony and socialist strategy [M]. London: Verso.

[110] Laclau, E., Mouffe, C, 1990. Post-Marxism without apologies [M]. In E. Laclau (Ed.), New reflections on the revolution of our time. London: Verso.

[111] Laclau, E., Mouffe, C, 2001. Preface to the second edition [M]. In E. M. Laclau, Chantal (Ed.), Hegemony and socialist strategy. Towards a radical democratic politics. London/New York: Verso, S.

[112] Mackerras, C, 2003. China's ethnic minorities and globalisation [M]. London; New York: Routledge Curzon.

[113] Mackerras, C, 2011. China's ethnic minorities: Global-Local interactions over sixty years [M]. In Chan, Lai—Ha, Chan, Gerald, F. Kwan (Ed.), China at 60: Global-Local interactions. Singapore: World Scientific Publishing.

[114] Devenny, M, 2004. Ethics and politics in contemporary theory: between critical theory and post-Marxism [M]. Rou tledge: 90.

[115] Theobald, P., Nachtigal, P, 1995. Culture, community, and the promise of rural education [J]. The Phi Delta Kappan, 77 (2): 23—29.

[116] Pennycook, A, 2002. Language policy and docile bodies: Hong Kong and govenmentality [C]. In J. Tollfson (Ed.), Language policy in education: critical issues. Mahwah, New Jersey: Lawrence Erlbaum Associate, Pubs.

[117] Pennycook A, 2006. Postmodernism in language policy [C]. In T. Ricento (Ed.), An introduction to language policy: theory and method. London: Blackwell Publishing.

[118] Kallaway, P, 2001. The need for attention to the issue of rural education [J]. International Journal of Educational Development, doi: 10.1016/S0738-0593(00)00010-9.

[119] White, S., Downey, J, 2021. Rural education across the world: models of innovative practice and impact [M]. Berlin: Springer.

[120] Tsung, T. H., Clarke, M, 2010. Dilemmas of identity, language, culture in higher education in China [J]. Asia Pacific Journal of Education, 30 (1): 57-69.

[121] Zhao, Z., Postiglione, G. A, 2008. Making globalization work for Chinese higher education by building bridges between internationalization and multiculturalism [J]. Asian Ethnicity (2), DOI: 10.1080/14631360802042057.